Le Savoir-Vivre de la Parisienne
...ou pas !

DU MÊME AUTEUR

Le Carnet du savoir-vivre, Flammarion, 2008.

Le Carnet du savoir-vivre au bureau, Flammarion, 2009.

Le Carnet du savoir recevoir, Flammarion, 2010.

Le Savoir-vivre pour les nuls, First, 2011.

Le Livre des copines, La Table ronde, 1998 ; Jean-Claude Lattès, 2012.

Le Livre des sœurs, La Table ronde, 2004 ; Jean-Claude Lattès, 2014.

Le Guide du Bien élevé, Le Figaro Éditions, 2015.

Le Carnet du bien élevé en vacances, Le Figaro Éditions, 2016.

100 expressions favorites de nos grands-mères, Le Figaro Éditions, 2016.

LAURENCE CARACALLA
Illustrations Aélie Molins

Le Savoir-Vivre
de la Parisienne
... ou pas !

BERNARD GRASSET
PARIS

Illustrations Aélie Molins
Direction artistique NEWSTUDIO

ISBN 978-2-246-86002-0

Pour ma sœur, Anne-Françoise,
irréductible Parisienne

INTRODUCTION
SNOB, MOI ? JAMAIS !

Pour être irremplaçable, il faut être différente.

Coco Chanel

La Parisienne semble avoir une prodigieuse confiance en elle. Pour tester son endurance, emmenez-la loin, très loin, juste au-delà du périphérique, à quoi ? deux kilomètres de chez elle. Voyez son air inquiet : quelles sont ces rues désertes ? Ces feux tricolores qui n'en finissent pas d'être rouges ? Ces boutiques d'un autre temps ? Sortie de l'île de la Cité, loin du boulevard Saint-Germain, elle se sent soudain nerveuse puis agacée. Perdant tout sens commun, on l'entend déclarer crânement : « Chez moi, c'est quand même autre chose. » Oui, quand elle est ailleurs, elle éprouve un sentiment de supériorité qui n'appartient qu'à elle, l'incorrigible fierté de vivre au centre du monde.

C'est pourquoi la Parisienne a une haute idée d'elle-même. On ne peut pas le lui reprocher. Depuis la nuit des temps, elle est un symbole, celui de la vraie femme, l'expression d'un idéal. L'héritage est flatteur mais pesant. Elle se donne du mal pour ne pas décevoir et s'attache à gommer rides et kilos superflus, se ruinant en crèmes peau mature et en petites robes noires simples mais de bon goût. Cette façon d'être relève de la politesse. La Parisienne sait qu'elle est le meilleur porte-parole de sa ville. Elle tient à être à la hauteur de ce rôle et c'est en cela qu'elle est émouvante. Et puis, évidemment, elle commet des erreurs. Des erreurs, vraiment ? Elle hausse les épaules et assène que ce sont elles qui font sa personnalité. La Parisienne n'est pas parfaite, elle agace, elle irrite, sans toujours le faire exprès. On la dit arrogante, on la dit snob. On la dit méfiante, on la dit irritable. On dit aussi qu'elle est impolie. Tout cela est exact. Mais ce n'est pas l'unique vérité. Son sens aigu de l'humour et son regard acéré sur le monde compensent largement ces quelques travers.

Dans ce guide dédié au savoir-vivre de la Parisienne, je vais tenter de mieux la comprendre, de dévoiler ses trucs, de décrypter ses codes, de raconter ce qu'il faut absolument saisir pour pouvoir incarner une parfaite Parisienne : au quotidien, dans la rue, à pied ou en voiture, dans les dîners ou dans son dressing... Détailler ses lubies, ses défauts et ses qualités, ce qu'elle fait bien et qu'il faut imiter, ce qu'elle fait mal et qu'il faut éviter. Souligner ses efforts pour conserver son statut de modèle même si sa réputation n'est pas toujours à la hauteur de ses espérances.

Moi, Parisienne de naissance et de cœur, je la connais assez pour savoir qu'elle ne m'en voudra pas si, dans ces pages, je me moque, j'ironise. Perspicace, elle comprendra qu'on ne titille que ceux qu'on aime. Mais dépêchons-nous de commencer, la Parisienne n'aime pas qu'on la fasse attendre...

1. Pavés et stilettos

La rue assourdissante autour de moi hurlait
Longue, mince, en grand deuil, douleur majestueuse,
Une femme passa, d'une main fastueuse
Soulevant, balançant le feston et l'ourlet

Baudelaire,
« À une passante », les *Fleurs du mal*

À Paris, on marche beaucoup. Dans son quartier, en voisine, ailleurs, en visite, on arpente le bitume. Pour la Parisienne, c'est un besoin, un plaisir, et aussi une vitrine… Examinons donc son attitude, parfaite ou discutable, en toutes situations.

ZYGOMATIQUES

On n'apprend pas à sourire. C'est un réflexe, un automatisme. La Parisienne doit batailler fort pour s'en empêcher : on pourrait la prendre pour une femme avenante, pire, accessible. Or, ce n'est pas l'image que veut renvoyer la Parisienne. Elle préfère conserver cette part de mystère qui fait son charme. Passer pour une bonne nature est son cauchemar. Non, elle n'est pas une bonne nature, elle est toute en complexité. Sourire sous-entend qu'on est heureux ou reconnaissant, une attitude à l'eau de rose qui n'est pas du tout son genre. La vie est dure. La vie est une bataille qu'elle mène de front avec courage. La Parisienne est une tragédienne, pas « *the girl next door* ».

Heureusement, ses zygomatiques, bien que peu entraînés, peuvent parfois fonctionner sans qu'elle s'en rende compte. Il aura suffi d'un regard charmeur ou de la découverte de la paire de chaussures idéale. Il arrive alors que la Parisienne se laisse aller. Une coupe de champagne de trop et, en tendant l'oreille, on pourrait presque l'entendre rire.

✳

PREMIÈRE RENCONTRE

On n'aborde pas la Parisienne si on ne l'a croisée qu'une fois ou deux. Pourquoi ? Parce qu'elle prétextera

ne pas vous reconnaître. Tentez tout de même de faire le premier pas. Si elle n'ignore rien de votre identité, elle émettra un doute, froncera les sourcils et fera mine de s'interroger. Ne soyez pas humilié : cette façon de procéder est chez elle une seconde nature. La cause ? Il vaut toujours mieux ignorer qu'être ignoré. Et puis sachez que la Parisienne a un carnet d'adresses surchargé. Elle côtoie tant de monde. Vous reconnaître, ce serait avouer qu'elle a conservé en mémoire votre visage et votre nom, en clair, qu'elle a du temps à perdre. Et peut-être pas autant de relations que ça.

Il peut aussi arriver que, vraiment, la Parisienne ne sache pas du tout qui vous êtes. N'insistez pas. Elle ne fera de toute façon pas d'efforts pour se remémorer votre patronyme. Vous subirez deux secondes de vexation totale, mais cela vous servira de leçon.

Elle devrait plutôt

La situation est embarrassante. Tout sourire, cette dame vient à sa rencontre. Oui, elle l'a déjà vue, c'est sûr. Mais où ? Quand ? Qu'importe ! Elle devra à tout prix sourire à son tour et accepter avec gentillesse la main qui lui est tendue. Lancer même un « Comment allez-vous ? », ce serait gentil. Si elle se débrouille bien, elle saura en quelques secondes qui est cette charmante inconnue. Sinon, la Parisienne lui dira qu'elle n'est pas physionomiste et que, tout à coup, elle a un trou de mémoire. Si c'est exprimé avec gentillesse, sans arrogance mais avec bonne humeur, elle sera pardonnée. Et si, malgré toutes les explications nécessaires, la Parisienne est toujours amnésique, qu'elle fasse donc semblant, puis qu'elle prétexte une affaire urgente pour s'éclipser dignement. Quoi qu'il arrive, lorsqu'elle croise un visage connu, la Parisienne qui sait vivre sourit, est gracieuse, n'ignore pas.

✳

LES TROTTOIRS DE PARIS

La Parisienne n'est pas conçue pour marcher lentement. Elle a bien essayé une fois, pour voir. Ce fut un cauchemar : bousculée, chahutée, presque renversée par plus rapide qu'elle, elle s'est sentie humiliée. Alors, elle accélère, droite dans ses bottes à talons, le regard fixe. Sur les trottoirs de sa ville, elle file à toute pompe. C'est un pur-sang. Les obstacles sont des haies. Elle est capable de franchir les flaques d'eau, d'éviter les crottes de chien, de doubler un centenaire, d'effectuer des écarts soudains, avec une dextérité qui relève du génie. Ce n'est pas qu'elle est en retard, c'est qu'il *faut* faire vite. Ce n'est pas qu'elle est débordée, c'est qu'elle n'a pas de temps à perdre.

La pluie est son ennemie. Les parapluies la freinent, surtout quand celui qui le tient ne la remarque pas et manque de la défigurer. Sous la pluie, elle trotte quand

Ce qu'elles pensent des Parisiens

« Quand je suis arrivée, au début, je pensais que tout ce qu'on disait sur la grossièreté et l'impolitesse des Parisiens était faux. Je me disais, ces gens ne sont pas grossiers, ils sont merveilleux ! Mais ça, c'était avant que je ne m'installe à long terme à Paris. Depuis, les gens se sont dit que, puisque j'avais décidé de rester, ils pouvaient redevenir eux-mêmes, c'est-à-dire grossiers ! »

(Scarlett Johansson,
star américaine qui sait de quoi elle parle)

« Les Français, du moins les Parisiens, sont trop dans le jugement, concernant votre façon d'être ou de vous habiller. Vous ne pourrez jamais y porter des affaires de sport dans la rue, des sandales, des vêtements courts ou des couleurs vives. C'est bien de revenir là où tout le monde peut juste être libre. »

(Natalie Portman,
star américaine bien contente
d'être rentrée à Los Angeles)

même mais redoute de glisser. Une chute serait le comble de l'horreur, la honte absolue. Et qu'on ne vienne pas l'aider à se relever, elle est encore capable de se débrouiller seule. La Parisienne ne veut aucun témoin de son humiliation.

Elle devrait plutôt

C'est le pire des clichés : Paris est la plus belle ville du monde. Même si la Parisienne, agacée, lève les yeux au ciel quand un étranger aborde la question, elle en est fière. Elle sait que c'est la vérité. Elle sait aussi qu'elle devrait en profiter et, pourquoi pas, flâner. Jeter un œil sur ces façades centenaires, sur ces pavés d'un autre temps. Prendre son temps sur les avenues, découvrir des quartiers inconnus, et Dieu sait qu'il y en a.

La Parisienne devrait un jour chausser ses plus confortables souliers, marcher à petite allure et ouvrir ses mirettes. Elle ne serait pas déçue. Elle devrait accepter qu'on la dépasse, consentir même à laisser la place, non ce n'est pas une défaite, admettre qu'elle peut perdre son temps. Elle découvrirait que Paris est justement une ville où l'on peut ne rien faire, errer avec délice sans but et sans projet. Ou l'on peut, pourquoi pas, engager la conversation avec des inconnus, s'émouvoir ensemble d'un coucher de soleil sur la Seine. Marcher au ralenti n'est pas dans sa nature mais elle devrait se forcer, s'obliger, risquer d'être prise pour une touriste. Ce serait difficile, ce serait une révolution. Le pire, c'est que la Parisienne pourrait y prendre goût.

✳

LES PASSAGES PRESQUE PIÉTONS

Juchée sur ses talons de 12, elle fonce. Le feu est vert ? Et alors. Elle ne va quand même pas attendre sagement, surtout sur le trottoir. Tout arrêt intempestif est une défaite. Non, la parfaite Parisienne traverse n'importe où : les « clous », comme on disait au siècle dernier, le passage piétons, comme on dit aujourd'hui, c'est pour les peureuses, les débutantes, les non-Parisiennes en quelque sorte. Elle se faufile, gracile, entre deux voitures, n'écoute même plus les insultes qui fusent. L'automobiliste a eu peur de l'écraser, peur de l'accident – il est bien le seul –, alors il hurle. Il peut toujours s'époumoner, la Parisienne ne l'entend pas. Elle est déjà loin.

Paris, c'est elles

Kiki de Montparnasse

Née Alice Prin au début du XXe siècle, cette drôle de muse fut la reine de Montparnasse. Posa pour Modigliani ou Foujita, devint la maîtresse de Man Ray, une proche d'Hemingway, de Max Ernst, d'Aragon… Sans elle, on se serait beaucoup ennuyé à Paris entre les deux guerres.

Coco Chanel

En libérant les corps des femmes, elle leur a libéré l'esprit. Coco Chanel a inventé l'élégance dépouillée, le chic parisien. Aujourd'hui, toutes les Parisiennes s'inspirent de sa sobriété et de ses mots : « La mode se démode, le style jamais. »

✳

AVEC LES STARS

Les stars, elle en rencontre à tous les coins de rues. Normal, c'est à Paris et pas à Limoges que comédiens, écrivains, musiciens et footballeurs passent le plus clair de leur temps ! Au marché bio du boulevard Raspail, la Parisienne choisit son artichaut en même temps qu'une actrice. Rue des Martyrs, ce jeune chanteur branché lui tient la porte de la boulangerie. Rue du Petit-Musc, elle croise ce célèbre écrivain en promenant son chien. Mais la Parisienne ne les voit pas. Ou prétend ne pas les voir. Plutôt mourir que d'esquisser le moindre sourire de connivence. Non, la Parisienne ne mange pas de ce pain-là. Les stars, elle pourrait les recevoir chez elle si elle voulait, c'est en tout cas ce qu'elle s'imagine.

Ne jamais être impressionnée est son leitmotiv. Elle a pourtant bien failli craquer quand Scarlett Johansson lui a, par inadvertance, marché sur les Louboutin boulevard Saint-Germain. Elle était à deux doigts de lui dire que non, pas de problème, tout allait bien et qu'elle n'avait rien senti. Mais elle a vite repris le dessus, a affiché un air agacé et n'a pas répondu aux excuses sincères de la talentueuse jeune femme. À la télévision américaine, celle-ci expliquera que les Parisiennes sont aussi séduisantes qu'arrogantes. Plus tard, l'arrogante en question racontera à ses petits camarades qu'elle a croisé la star hollywoodienne. Elle conservera cet air blasé et ce ton monocorde. Scarlett est une femme comme les autres, non ? Pas de quoi en faire un plat.

*

PAUVRES TOURISTES

La Parisienne tolère les touristes. Comment faire autrement : elle habite le plus bel endroit du monde. Simplement, elle refuse de leur porter secours. S'ils aiment sa ville, qu'ils se débrouillent pour la découvrir sans elle.

Ces touristes ne savent pas, les naïfs, que la Parisienne si parisienne qui s'avance vers eux a une furieuse envie de changer de trottoir en les apercevant. La Parisienne devine qu'elle va devoir se transformer en bureau de renseignements et elle n'en a aucune intention. Elle est bien trop pressée, et puis, imaginez une seconde qu'elle ne sache pas où se trouve la rue qu'ils s'escriment à trouver sur leur plan ? Elle en frissonne rien que d'y penser. Mais la Parisienne a un fond de courtoisie qu'elle ne peut pas tout à fait négliger. Alors, elle s'arrête pour écouter ces Américains égarés, non sans une énorme envie de leur dire que le short ne se porte pas en ville. À Paris, en tout cas, il est à bannir. Passons. Elle leur indique d'un geste vague la route à suivre, ne leur sourit pas quand ils la remercient de sa diligence. La Parisienne continue son chemin, un rien agacée. Elle a perdu trente-cinq secondes de sa journée. Pour des touristes en short.

Une Parisienne doit savoir...

— *Il y a 63 500 rues à Paris, moins de 1 500 portent des noms de femmes, soit 2 % seulement.*

— *Au Monopoly, c'est la rue de Paix la voie la plus chère de Paris. En réalité, c'est l'avenue Montaigne, célèbre pour ses boutiques de haute couture, et, en seconde position, le quai d'Orsay…*

— *Vers 1880, une femme est retrouvée noyée dans la Seine. L'employée de la morgue, ébloui par sa beauté, fit de son visage un moulage en plâtre. Un masque mortuaire qui, fabriqué en grand nombre, devint un ornement dans de nombreux appartements bourgeois et inspira écrivains et photographes à la fin du XIXe. Vladimir Nabokov lui consacre même un poème en 1934. Le mythe de L'Inconnue de la Seine ressuscita un demi-siècle plus tard lorsqu'un fabricant de jouets norvégien réalisa un mannequin avec le visage de l'inconnue destiné à apprendre aux futurs secouristes comment pratiquer le bouche-à-bouche. Aujourd'hui comme hier, on ne sait toujours pas qui était cette jolie jeune femme au sourire si triste.*

Elle devrait plutôt

La Parisienne est fière de sa ville. Fière de voir ces hordes de touristes s'agglutiner sur les trottoirs, s'extasier devant une bouche de métro, photographier le porche haussmannien de son immeuble. Elle sourit à l'idée d'avoir cette chance inouïe d'habiter le plus bel endroit du monde. Devant des Japonais décontenancés par le dédale des ruelles moyenâgeuses du quartier Notre-Dame, la Parisienne bienveillante vole à leur secours. Malgré un léger problème de communication, le vocabulaire nippon n'est pas son fort, elle s'escrime à donner le meilleur d'elle-même. Prend leur plan des mains, trace du doigt le chemin le plus exceptionnel, celui qui leur en mettra plein les mirettes. La Parisienne est partageuse. Elle veut qu'on aime sa ville autant qu'elle l'adore. Elle rêve que, dans quelques semaines, on sache au Japon ou ailleurs que ce qui rend Paris plus fascinant encore ce sont ses habitantes : charmantes, serviables, souriantes. Elle veut que pendant deux minutes, les touristes oublient tout de la réputation des Parisiens. Exit l'arrogance. Vive l'hospitalité. La Parisienne est une utopiste.

*

À LA TOUR EIFFEL

S'il est un lieu dans lequel la Parisienne ne met pas les pieds, c'est bien la tour Eiffel. Nid de touristes, de vendeurs de breloques : pouah. Et puis cette tour que le monde entier nous envie la laisse de marbre. Pire, elle la gêne. Mon Dieu qu'il est vilain cet amas de métal. Lorsqu'elle ne peut pas éviter de l'avoir dans son champ de vision, elle s'empresse de détourner le regard. La tour Eiffel, elle connaît, merci, elle ne la supporte que la nuit, lorsqu'elle est éclairée. Là, d'accord, la trouver vilaine serait de la mauvaise foi, la Parisienne l'admet en haussant les épaules. Pour elle, Paris est beaucoup plus que ça. Pas cette caricature sur quatre pieds. « Ce squelette disgracieux et géant » a-t-elle lu chez Maupassant. Elle pourra caser ce jugement implacable lors d'un dîner mondain. Un de ces dîners, où, avec ses copines parisiennes, elles s'esclafferont sur ces ploucs qui font le pied de grue pendant des heures dans l'interminable file d'attente avant d'entreprendre l'ascension de la Dame de fer, symbole dit-on de sa ville adorée, plutôt, selon elle, de l'image qu'on se fait de Paris quand on ne la connaît pas. Car la Parisienne le sait : pour être une véritable Parisienne, il faut détester la tour Eiffel.

*

Vu par des écrivains

« J'ai quitté Paris et même la France, parce que la tour Eiffel finissait par m'ennuyer trop. Non seulement on la voyait de partout, mais on la trouvait partout, faite de toutes les matières connues, exposées à toutes les vitres, cauchemar inévitable et torturant. »

Guy de Maupassant,
La Vie errante

« Il y a de l'électricité dans l'air, à Paris, les soirs d'octobre à l'heure où la nuit tombe. Même quand il pleut. Je n'ai pas le cafard à cette heure-là, ni le sentiment de la fuite du temps. J'ai l'impression que tout est possible. L'année commence au mois d'octobre. »

Patrick Modiano,
Dans le café de la jeunesse perdue

LÈCHE-VITRINES

La Parisienne a des yeux de lynx. Des lasers qui détectent leur proie en moins de temps qu'il ne faut pour le dire. Une petite minute lui suffit pour jauger une boutique. Elle ne s'attardera pas devant une devanture médiocre. Pas de temps à perdre.

Elle file de vitrine en vitrine et peut subitement s'arrêter net. Le passant qui marche derrière elle ne comprend pas toujours cet arrêt intempestif et freine des deux fers pour ne pas la percuter. Elle n'a rien remarqué, obsédée soudain par ce pull gris anthracite dont elle n'avait aucun besoin quelques secondes plus tôt. Foudroyée par un désir ardent, elle fixe l'objet de ses rêves et imagine très vite où et comment elle le portera. Elle oublie que chaque chose à un prix et, même si son compte en banque est en berne, elle fonce, pénètre dans le magasin, salue à demi-mot la vendeuse pourtant affable et pointe d'un doigt autoritaire le lainage convoité. Fébrile, elle entre dans la cabine d'essayage, enfile ce petit cachemire, se regarde dans le miroir et c'est comme si le monde s'arrêtait de tourner. Il le lui faut, là, maintenant. La vendeuse lui assure qu'il est fait pour elle. La Parisienne n'a pas besoin de conseils. Merci, elle sait parfaitement ce qui lui va. Elle tend sa carte bleue, sent monter une très légère angoisse, refuse d'y penser, et sort, moins heureuse qu'elle ne l'espérait. Le pull est à elle, soit, mais le plaisir fut de courte durée.

Rêvons un peu

La Parisienne déteste s'extasier. Elle connaît Paris sur le bout des doigts et rien ne l'étonne plus. Et puis, un jour, alors qu'elle traverse le pont des Arts, elle lève la tête et regarde. Elle aperçoit le soleil se coucher sur la tour Eiffel et en reste bouche bée. Jamais elle n'a vu spectacle plus beau et sa gorge se serre. Elle s'arrête, pétrifiée, impressionnée par cette vision inédite. Elle aimerait résister à sa soudaine émotion, ridicule pour une Parisienne qui croit tout connaître de sa ville. Elle aimerait appeler quelqu'un, n'importe qui, lui dire qu'il lui arrive quelque chose d'inouï, mais elle préfère contempler encore et encore, oubliant le temps qui passe et le rendez-vous bientôt manqué. Puis le soleil se cache et la vie reprend son cours. Elle regarde sa montre, soupire, se met en route. Dans quelques minutes, elle aura oublié ce qui vient de se produire. Et puis, un jour, alors qu'elle ne s'y attend pas, le souvenir de ce moment volé lui reviendra en mémoire. Elle retournera peut-être sur le pont des Arts. Elle guettera peut-être le coucher du soleil sur la tour Eiffel. Et si ses pas ne la conduisent plus jusque-là, elle saura qu'il y a des endroits et des instants uniques. Qu'on ne veut partager avec personne et qui n'existent qu'à Paris.

2. La Parisienne au quotidien

Peut-être Paris ne vaut-il que par ses provinciaux ?

François Mauriac,
La province. Notes et maximes

La Parisienne est bien souvent une provinciale. Elle ne le crie pas sur les toits mais c'est ainsi. Elle a dû apprendre les codes, les manies, les travers et les éclats de génie de ce spécimen étrange et unique qu'est la Parisienne. Elle a travaillé dur mais le résultat est impressionnant. Voyons un peu comme elle est parvenue à franchir ces périlleux obstacles.

PARIS EN PROVINCE

La Parisienne a ses petites habitudes. « Mon quartier est un village », dit-elle avec une pointe de nostalgie. Jamais elle n'avouera que l'anonymat de la ville lui pèse parfois. De fait, elle aime être saluée par ce garçon de café qu'elle voit tous les matins. Elle est au comble du bonheur quand il l'appelle par son prénom ou lui apporte son petit crème avant même qu'elle ne le lui ait commandé. Elle adore entrer dans un de ses restaurants préférés, se faire héler par le patron qui lui trouve une table quand l'endroit est complet. Elle se réjouit que le kiosquier ait mis son magazine de côté et que le boulanger lui lance « une tradition comme d'habitude ? ». La Parisienne ne vivrait pas ailleurs, c'est une vraie citadine, bien sûr, mais c'est aussi parce que, sans même s'en rendre compte, elle s'est créé un petit coin qui ressemble à s'y méprendre au centre-ville d'une bourgade de province.

Paris, c'est elles

Arletty

*Elle voit le jour à Courbevoie, à deux pas de Paris,
et restera l'actrice la plus gouailleuse de tous les temps.
Belle, intelligente, insoumise, elle n'avait pas
qu'une tête d'atmosphère. Écoutez-la dire :
« Paris est tout petit pour ceux qui s'aiment,
comme nous, d'un aussi grand amour. »*
(Les Enfants du paradis, *1945*)

Édith Piaf

*Elle est peut-être la plus célèbre des Parisiennes
à travers le monde. Édith Piaf, née dans la misère,
grande amoureuse, fut la chanteuse préférée
des Français et l'âme de Paname.
Aujourd'hui comme hier, on ne se lasse pas d'écouter
Sous le ciel de Paris.*

*

LE TUTOIEMENT DE LA HONTE

C'est un des problèmes de la langue française. Si, à l'instar des Anglo-Saxons, il n'existait ni « vous » de politesse, ni « tu » de familiarité, la vie serait plus facile et la Parisienne ne serait pas trop souvent déstabilisée par ce sentiment furtif et désagréable de perte de confiance. Bien sûr, il fut un temps où elle tutoyait les gens de son âge et vouvoyait la génération de ses parents. Mais passé quarante ans, elle se heurte à un sacré problème : doit-elle tutoyer et passer pour un genre de beatnik ou vouvoyer et paraître snob ? Il faut trouver le bon dosage.

Elle garde en mémoire sa plus grosse honte : avoir demandé à une jeune femme de dix ans de moins qu'elle de la tutoyer... ce qui lui avait valu un regard plein d'effroi de la part de la donzelle. Non, plus jamais ça ! Malgré des efforts surhumains, la gamine en question avait déjà bien du mal à ne pas l'appeler « Madame », autant dire que le « tu » lui était douloureux. Elle a pris ce jour-là un sacré coup de vieux. Depuis, raisonnable, la Parisienne a trouvé la parade : elle vouvoie tout le monde et, avec les interlocuteurs de sa génération, attend un peu de voir comment tourne la conversation. Si, décidément, ces gens-là sont charmants, elle glissera nonchalamment au détour d'une phrase un léger : « On se tutoie ? » avec un grand sourire, celui-là même qui fait d'elle une si charmante Parisienne.

✳

PARISIAN KISS

Reconnaître une Parisienne est parfois difficile. La plupart d'entre elles, il est vrai, sont nées en province, même si elles ne le clament pas à tout-va. La première chose qu'elles apprennent en montant à la capitale, c'est à se débarrasser de cet automatisme terrible qui prouvera sur-le-champ qu'elles ne sont pas vraiment d'ici : les fameuses trois bises ! À Paris, elles vont par paire, un baiser sur la joue droite, un autre sur la gauche, voilà qui suffit amplement. La Parisienne embrasse beaucoup, c'est une de ses particularités, mais attention, elle ne prend pas ses interlocuteurs dans les bras. Le « *hug* » à l'américaine est à proscrire. Étant généreuse et considérant surtout que la discrétion est la première des élégances, elle se laissera faire si on lui claque trois, voire quatre, gros baisers sur les joues. Et prendra sur elle pour ne pas dire, d'un air à la fois gêné et indulgent : « Ah ! Comme c'est amusant, chez nous, deux fois suffisent. » Non, elle fera mine de n'avoir rien remarqué, priant de toutes ses forces pour que personne, vraiment personne, n'ait assisté à cet échange si peu parisien.

✳

Ce qu'on dit de la Parisienne

Arrogante
Impatiente
Chic
Autoritaire
Véhémente
Phraseuse
Sévère
Irrespectueuse

Ce qu'elle croit qu'on dit d'elle...

Impertinente
Énergique
Chic
Intense
Expressive
Cultivée
Intransigeante
Audacieuse

MAIN FERME

On dit qu'on apprend beaucoup sur un individu à sa manière de serrer la main. La Parisienne ne l'ignore pas et elle ne va pas tomber dans le piège. Elle connaît comme personne le mode d'emploi : d'abord, elle regarde droit dans les yeux et puis elle sourit, même si elle préférerait être ailleurs. Soyons honnête, il arrive qu'une Parisienne ne se préoccupe pas de cette bienséance-là et jette deux doigts condescendants à sa nouvelle connaissance, le visage fermé. C'est un point sur lequel elle doit faire un effort. Elle sait aussi que c'est à elle de tendre la main si elle fait face à un homme. C'est un de ses privilèges, elle ne va pas s'en priver. Elle n'a pas à prouver sa force et ne serrera pas la main de son interlocuteur comme s'il était son ennemi. Pas de douceur non plus, elle serait assimilée à de la mollesse. Quelle horreur. Une Parisienne molle, c'est de la pure fiction. Même si elle est susceptible – et la Parisienne, sûre de son fait, l'est toujours un peu – elle ne ruera pas dans les brancards si sa main tendue est ignorée. Elle sait très bien que ce n'est pas parce qu'on lui en veut personnellement mais simplement parce qu'on ne l'a pas vue. Alors, la Parisienne, magnanime, ne lancera pas un regard noir à son grossier interlocuteur mais glissera furtivement sa main dans la poche. L'air de rien. Au fond d'elle-même, tout au fond, elle maudira ce malotru. Toutefois, en impeccable Parisienne, elle ne laissera rien paraître.

Une Parisienne doit savoir

Les Parisiennes sont plus nombreuses que les Parisiens ! En 2016, on dénombre 1 180 528 femmes contre 1 049 093 hommes. Une preuve irréfutable que dans cette ville tant aimée les demoiselles célibataires ont du pain sur la planche.

Catherine Deneuve n'est pas seulement la plus grande des actrices françaises. Un bateau parisien porte son nom. Pour se promener sur la Seine, c'est tout de même plus chic de naviguer sur le Catherine Deneuve que sur La Patache.

Vous jetez votre mégot sur le trottoir ? Tant pis pour vous ! Il vous en coûtera 68 euros si vous vous faites pincer. Il était temps d'agir : la ville de Paris ramasse 350 tonnes de mégots par an. Paris outragé, Paris brisé, Paris nettoyé.

✳

UN PETIT PLAISIR COUPABLE

La Parisienne est une irréductible. Depuis dix ans, elle voit ses amis arrêter de fumer. Et elle a bien du mal à les imiter. Dépendance peut-être mais surtout esprit de contradiction. Pourquoi s'interdire ce petit plaisir coupable ? De quel droit ? La Parisienne rechigne à sortir d'un restaurant pour tirer sur sa Vogue Lilas. Réminiscence du temps où on lui disait que seules les prostituées fumaient dans la rue. Parfois, entraînée par un camarade en manque, elle le suit. Alors, même si elle ne se sent pas à sa place sur ce bout de trottoir tapissé de mégots, elle tire sur son clope comme si c'était le dernier. Mais elle prend garde, car elle sait se tenir, à ne pas enfumer les passants qui n'ont rien demandé.

Chez ses amis, la question se pose après avoir bu la première flûte de champagne : va-t-elle pouvoir allumer une cigarette ? Petit coup d'œil à droite puis à gauche, pas de cendriers. Mauvais pressentiment et instant de panique. Elle va devoir s'habituer. Dans les dîners parisiens on ne fume plus, on parle du temps où on fumait, nuance. La satisfaction des anciens fumeurs l'irrite au plus haut point, d'autant qu'elle n'a pas de cigarette pour se calmer. Elle fera pourtant bonne figure et ne refusera pas l'invitation de ses hôtes à satisfaire ses besoins de nicotine sur le balcon.

Elle se sent ridicule, seule, abandonnée de tous. Se ressaisit soudain, refusant de culpabiliser. Une Parisienne est fière, elle va jusqu'au bout de ses désirs, qu'importe ce qu'on dira d'elle. Enfin presque.

*

UNE PASSION PARISIENNE

Certaines Parisiennes ont un drôle de hobby : repérer les meilleurs médecins de la capitale. On peut leur faire confiance, elles prennent leur mission très au sérieux. Mieux, elles ont testé pour nous. On note sur-le-champ le nom de ce dermato ou de cet ostéo qui, d'après elles, est aussi compétent qu'expérimenté. Un bon dermato, un bon ostéo, il y en a pléthore à Paris mais ceux-là ont été approuvés par des patientes professionnelles. On n'oubliera pas de les tenir au courant : si le dermato et l'ostéo sont décidément au sommet de leur art, on remerciera chaleureusement la Parisienne pour le bon tuyau, c'est la moindre des choses. Elle sera enchantée, d'autant que discuter médecine est pour elle le comble du bonheur. Un peu trop parfois. Certaines Parisiennes sont atteintes de schizophrénie aiguë et se prennent pour des chefs de service de l'hôpital Georges-Pompidou. Elles sont avocates ou couturières ? Qu'à cela ne tienne, elles semblent tout savoir sur votre épaule douloureuse.

Elles sont même à deux doigts de vous rédiger une ordonnance. Sachez que ces Parisiennes-là fantasment sur le job mais ne peuvent rien pour vous. Méfiance donc : une Parisienne est passionnée, c'est tout à fait charmant, mais dépasse quelques fois les bornes. Préférez un vrai médecin, si possible diplômé.

Rêvons un peu

C'est son paradis à elle. Entrer dans une parapharmacie, c'est pénétrer un monde propre, pur, javellisé. Toutes ces boîtes joliment rangées sont autant de trésors. Tous ces remèdes, des élixirs de jouvence. La Parisienne connaît les meilleures adresses de Paris mais les tait jalousement. Elle peut rester des heures à contempler les rayons, des heures à lire la posologie de cette nouvelle tisane contre les crampes d'estomac. Des crampes, elle n'en a pourtant pas. Qu'importe cela viendra. Tiens, qu'est-ce donc que cette nouvelle crème anti-rides, peau mature, formule concentrée, matières actives, texture légère ? Une gourmandise à 100 euros qu'elle finira par s'offrir.

Pourtant avare de ses petits secrets, la Parisienne n'hésite pas à recommander à cette dame, empêtrée parmi les rayons et leur nombre incalculable d'onguents, le remède miracle contre le relâchement cutané. Elle connaît toutes les nouveautés, tous les bons plans, le parfum de telle crème, la consistance de l'autre. La cliente est abasourdie, la Parisienne plastronne. Son porte-monnaie, moins. Venue se procurer une simple pommade contre les piqûres de moustique, elle ressort protégée jusqu'à l'an 3000 d'hypothétiques baumes anti-crevasses pour les mains, d'huile raffermissante pour le corps, de shampoing bio pour cheveux *gras. Des produits qu'elle utilisera un peu, beaucoup ou pas du tout. Mais, dès demain, elle reviendra faire un tour, aimantée par cet endroit de rêve, ce nirvana de bienfaits, de sérénité.*

3. Sorties capitales

J'ai tellement faim que je pourrais manger.

Loïc Prigent, *"J'adore la mode mais c'est tout ce que je déteste".*

Être Parisienne, c'est être au courant de tout ce qui se passe dans sa ville. Alors, malgré l'air glacial du mois de janvier ou la chaleur accablante de juillet, la Parisienne sort. Elle connaît les bistrots où il faut se faire voir et tente avec grâce de ne pas se jeter sur son assiette. C'est son grand dilemme mais aussi un secret bien gardé : comment rester mince à Paris quand on peut savourer les meilleurs mets du monde...

LA FIÈVRE DU JEUDI SOIR

Quand on vit dans une ville de touristes, on évite de faire comme eux. La Parisienne n'aime pas aller au bistrot le samedi soir. Entendre beugler quelques Américains ou Italiens de passage dans la capitale risque de lui gâcher sa soirée, quant à faire la queue au cinéma, n'en parlons pas. Le samedi soir, c'est pour ceux qui ne sortent qu'une seule fois par semaine. Autant dire les non-Parisiens. Le samedi, elle reste chez elle et dit à ceux qui veulent l'entendre que c'est bien mieux ainsi. Elle n'en profite pas pour regarder d'affligeantes émissions de télévision mais pour lire un roman, c'est en tout cas ce qu'elle raconte. Son jour de sortie préféré, c'est le jeudi. Vérifiez par vous-même, les restaurants sont bondés, les taxis surbookés. Le jeudi, on croise des Parisiennes en goguette, tout juste sorties de chez le coiffeur (c'est jour de nocturne), prêtes à se rendre au musée d'Art moderne (c'est jour de nocturne). Le jeudi, c'est un samedi rêvé. Pas tout à fait le week-end mais presque. Pas tout à fait non plus le début de la semaine. Une sorte de break bienvenu. Le samedi soir a été inventé pour les adolescentes, pas pour les vraies femmes. Alors, messieurs, pour séduire une Parisienne, ne lui proposez pas un dîner ce soir-là. Vous risqueriez de faire chou blanc.

Astuces de Parisienne

Les expositions parisiennes sont nombreuses et attirent de plus en plus de monde. Il faut toujours penser à réserver ses billets par Internet. Le secret pour ne pas attendre trop longtemps ? Venir le soir de la nocturne, une heure avant la fermeture.

Les Parisiennes célibataires devraient aller faire leurs courses au supermarché après 20 heures ! Sachez que c'est le bon moment pour croiser pléthores de jeunes gens esseulés. Repérez le plus joli, celui qui circule, hagard, entre le rayon charcuterie et le rayon plats sous vide. Prenez votre courage à deux mains et, toute souriante, encouragez-le à acheter tel ou tel produit. Si c'est bien fait, il confondra drague et bienveillance et vous proposera, pourquoi pas, d'aller prendre un verre !

*

LA TABLE CONVOITÉE

C'est le resto dont on parle, célèbre pour son brunch. Un brunch qui porte mal son nom (condensé de *breakfast* et *lunch*) puisqu'on le prend à 14 heures, le dimanche bien sûr, après la grasse mat. Ce bistrot branché, on en a chanté les louanges à la Parisienne qui avait justement lu un article vantant ses œufs Benedict, son jus de grenade et sa déco design. Bien sûr, on ne peut pas réserver. Elle arrive tard, retrouve les amis auxquels elle avait donné rendez-vous mais aussi une interminable file d'attente. Oui, comme au cinéma. L'hôtesse (1, 80 m – 40 kilos) affirme qu'il n'y en a que pour dix minutes. Elle patiente donc longtemps. Un peu trop longtemps. Elle a faim, mal au dos, il commence à pleuvoir. La logique voudrait qu'elle parte et qu'elle avale un jambon-beurre au café du coin. Mais la Parisienne n'est pas logique. Et cette table dans ce bistrot branché, elle la veut. Elle essaye de gruger, mine de rien. Cette dame si occupée avec son marmot ne verra peut-être pas qu'elle la double. Si, elle l'a vu, et la Parisienne a même croisé son regard noir et explicite. Alors, pour passer le temps, elle regarde, consternée et jalouse, les chanceux attablés devant leur assiette pleine. Elle oublie qu'il n'y a rien de plus pénible que les impatients qui lorgnent au-dessus de votre table,

qui veulent votre place, donneraient tout pour ça. Rien que pour agacer ces importuns, les clients prennent leurs aises et leur temps. Une demi-heure plus tard, la serveuse filiforme lui indique un espace rikiki et demande illico ce qu'elle a choisi. La table si convoitée il y a un instant est déjà attendue par d'autres. En sortant, après avoir peu et mal déjeuné, les oreilles endolories, elle râle. Mais dès le lendemain, elle racontera à tous qu'elle y était, dans ce restaurant un peu surfait mais si sympathique.

Elle devrait plutôt

La Parisienne aime se faire voir dans les endroits où il faut être vu. C'est ainsi qu'elle passe à côté des meilleurs bistrots de la capitale, dont la décoration laisse à désirer et la clientèle n'est pas jeune-jeune, mais où on se régale. La Parisienne devrait être plus curieuse et parfois, même si c'est un terme qui lui sort par les yeux, plus tradition- nelle. Elle prendra le risque de se rendre dans un quartier inconnu, car oui, il existe des endroits qu'elle évite à Paris. Elle aura réservé, n'attendra pas, se fera accueillir par un patron rigolard et amoureux de son métier. Peut-être même que sa simple présence pourrait faire de cette adresse un restaurant branché. Surtout si elle vante le plat du jour exquis, les tarifs abordables, l'accueil chaleureux. Mais peut-être préférera-t-elle ne pas en parler. Une Parisienne digne de ce nom n'aime guère dévoiler ses adresses secrètes.

*

À LA VIE, À LA MORT

La Parisienne peut être bonne camarade. Avec ses congénères, bien sûr, mais aussi avec les hommes. Dîner avec un ami sans aucune arrière-pensée n'est pas, et ne sera jamais, un problème pour elle. Ces articles de la presse féminine affirmant que l'amitié homme femme n'existe pas la mettent hors d'elle. L'ambiguïté dans une relation, elle peut s'en passer quand elle l'a décidé.

En l'observant alors, on remarque mille détails qui ne la rendent pas moins séduisante mais différente. Le regard, l'attitude, la gestuelle, elle n'est plus là pour charmer mais pour écouter et être écoutée. Sa parole est sincère. Elle peut raconter un événement où elle fut ridicule, des blagues cochonnes, ses problèmes de couple, accepter de ne pas être à son avantage. La Parisienne sait consoler, conseiller et ne rechignera jamais à venir en aide à ses amis. Tous ceux qui pensent le contraire doivent comprendre une chose : elle place la barre très haut en matière d'amitié. Dans sa ville, immense, elle s'est fait un village, où vivent tous ceux qu'elle aime : amies, amis, elle ne voit pas de différences. Alors, dans ces petits moments d'intimité avec des hommes, exit le battement de cils et le décolleté plongeant. Vive le naturel, le spontané, la franchise. Oui, la Parisienne est capable de tout cela même avec le sexe opposé.

＊

C'EST POUR MOI

L'addition est un sujet d'importance. Lors d'un tête-à-tête au restaurant avec un homme, la Parisienne, toute féministe qu'elle est, car oui, la Parisienne est féministe, conçoit difficilement de ne pas être invitée. Celui qui propose de partager ou, pire, qui sort de sa poche sa calculette pour faire les comptes, doit profiter de cette soirée car ce sera la dernière. En revanche, elle sait être généreuse et il lui arrive de régaler. Si elle déteste diviser la note par deux, elle aime être la puissance invitante. Et sa délicatesse légendaire lui fera régler la note en toute discrétion. La Parisienne n'aime pas parler d'argent. Son porte-monnaie ne regarde qu'elle. Aussi, lorsqu'un homme la remercie de sa philanthropie, elle balaye le compliment d'un revers de la main. La Parisienne est une femme élégante, et pas seulement parce qu'elle sait s'habiller, ne l'oublions pas. Avec ses copines, le problème ne se pose plus. Il existe un accord tacite : encore une fois, pas de partage, mais une astucieuse répartition. Ce sera chacune son tour. Pas d'histoire de sous entre elles.

Une Parisienne doit savoir

La brasserie Lipp du boulevard Saint-Germain est la plus littéraire des brasseries parisiennes. Attention, il faut y déjeuner ou y dîner au rez-de-chaussée. Si on vous fait monter à l'étage, c'est que vous êtes moins célèbre que vous ne le croyez. Plus actuelle, moins grisonnante et plus light : La Société, place Saint-Germain-des-Prés. On y croise aussi des fashionistas.

Les Deux Magots et le Café de Flore sont voisins et concurrents. Le premier a été fondé en 1812 et a accueilli tous les écrivains français et américains qui comptent. Le second existe depuis 1887 et, comme son voisin, a été le point d'ancrage du milieu littéraire. Les deux ont d'ailleurs un prix récompensant un auteur. Aujourd'hui, on va plutôt aux Deux Magots pour être tranquille, au Flore pour se faire voir.

Colette est, depuis vingt ans, le concept store le plus branché de Paris. Vous y croiserez Karl Lagerfeld ou Rihanna (pour peu qu'elle soit de passage dans la capitale). Au sous-sol, vous pouvez déjeuner au bar à eau (plus de trente marques d'eau plate, autant d'eau pétillante). Si vous avez renoncé au pontet-canet, ce bar est fait pour vous. La Parisienne adore aussi le Blueberry, rue du Sabot, un restaurant japonais raffiné où se côtoient actrices et éditrices ou, autre spot tendance, la Pizza Chic, rue de Mézières.

✳

BOIRE UN PETIT COUP

La Parisienne se souvient de cette ère révolue où on se tapait un bon petit côtes-du-rhône à l'heure du déjeuner. Elle a depuis longtemps compris qu'un seul verre avait un effet pervers sur son métabolisme. En clair, elle passe son après-midi à rêver de son lit. La sieste n'étant pas, comme c'est fâcheux, une tradition parisienne, elle devra lutter contre le sommeil et ne fera pas le quart de ce qu'elle avait prévu. Elle se contente donc d'une carafe d'eau et, les jours de fête, d'un Coca… light bien sûr. En revanche, le soir, notre Parisienne se lâche. Elle se pique de s'y connaître en grands crus, normal, c'est dans ses gênes, après tout, la Parisienne est aussi française ! Elle n'hésite jamais à donner son avis sur le nectar. De « Il est moelleux » à « Il a du corps », en passant pas « C'est pas du picrate ? », elle a son mot à dire. Mais elle préférera toujours le champagne, éternel synonyme de volupté luxueuse, du raffinement parisien, bu, non plus dans une flûte classique mais dans un verre à bordeaux. Oui, c'est la nouvelle mode et elle la trouve exquise. Elle s'accorde même une « piscine », terme désignant du champagne servi avec des glaçons. Si les spécialistes lèvent les yeux au ciel, la Parisienne préférera toujours ce nouveau cocktail à quelques bulles tiédasses et tristounettes.

✳

DIÈTE

La Parisienne n'a pas d'appétit. Et refuse d'en avoir. Déteste celles qui s'empiffrent. Ce n'est pas du tout parisien. Si l'envie vous prenait d'inviter une Parisienne au restaurant, réfléchissez bien. Rayez de votre liste tout ce qui ressemble à de la « cuisine traditionnelle ». Blanquette, bœuf bourguignon, choucroute et cassoulet, ce n'est pas qu'elle n'aime pas ça, elle ne se l'autorise pas. Elle connaît son corps, sait qu'un seul écart conduit à la catastrophe. Ainsi, on la verra choisir deux entrées plutôt que le plat du jour, elle demandera trois haricots verts plutôt que des frites, son dangereux péché mignon.

Contrairement à la moyenne nationale, la Parisienne ne grignote pas entre les repas. Fouillez dans ses placards et ses tiroirs, vous ne trouverez ni Petit Prince, ni fraises Tagada. Une discipline qu'elle a mise en place dès la puberté quand son corps a soudainement changé. Après « fil de fer » on l'avait surnommée « bouboule », un terme traumatisant qu'elle maudit, presque autant que celui ou celle qui, sans penser à mal, l'a emmenée ce soir dans ce délicieux bouchon lyonnais.

✳

JE SUIS CE QUE JE MANGE

L'alimentation est un sujet qu'elle a potassé sérieusement. Elle saura vous dire sur-le-champ quel est le légume idéal pour soigner votre colon paresseux. En l'occurrence, le gingembre. Elle sait aussi pourquoi vous dormez mal : la viande. C'est un aliment qu'elle ne mange presque plus. Oui, la Parisienne, comme nombre de ses concitoyens, a éliminé la côte de bœuf de la liste de ses plats préférés. La faute, bien sûr, aux abjectes images d'abattoirs vues sur Internet, mais aussi et surtout, parce qu'elle aime suivre la tendance. Or la viande est aussi tendance que le collier de perles. Elle aime dire qu'elle est devenue végétarienne, ce qui est faux puisqu'elle mange du poisson. Elle n'est en fait plus carnivore : nuance. Mais le terme la dégoûte un peu. Bientôt, elle mangera sans gluten même si elle n'est pas allergique à cette protéine dont, soudain, tout le monde a une peur bleue. Elle a à peu près tout lu sur le sujet et a bien compris que ses trous de mémoire, ses troubles du sommeil, et, même si elle en parle moins, sa constipation, sont dus à cet horrible gluten. Bientôt, plus de pâtes *al vongole*, ni de moelleux au chocolat, encore moins de baguette tradition. Elle sera au top de sa forme ou, c'est une possibilité, tombera dans une profonde dépression.

Elle devrait plutôt

Et si la Parisienne se laissait un peu aller ? Quoi de meilleur qu'une brandade de morue ? On n'en mange pas si souvent alors, quand cela se présente, il faut se jeter dessus. Oublier deux minutes les kilos, le cholestérol, les pseudo-allergies, et foncer. Profiter de ce moment divin, fermer les yeux et se croire en Provence. La Parisienne qui aime séduire oublie qu'un homme raffole des bonnes vivantes et qu'il se laissera plus facilement ensorceler par une femme qui dévore que par une emmerdeuse qui picore. Si, si, je vous assure, renseignez-vous. D'ailleurs, la Parisienne, même quand elle ne mange rien, adore parler tambouille. Et son discours sera bien plus captivant, plus authentique, si son interlocuteur comprend que la cuisine, elle aime la faire et encore plus la boulotter. La Parisienne manque parfois de naturel, d'insouciance. Et passe à côté de sacrés bons souvenirs.

4. La Parisienne reçoit

Une femme qui sait son métier
de maîtresse de maison fait causer ceux
qui sont chez elle et parle peu d'elle-même.
Son rôle est de faire valoir la grâce de celle-ci,
l'esprit, l'originalité de celui-là, la science du savant,
le génie du poète, le talent de l'artiste, etc.

Baronne Staffe, *Usages du monde.*
Règles du savoir-vivre dans la société moderne

Même si elle a beaucoup à faire, la Parisienne ne rechigne jamais à inviter ses amis chez elle. Elle se donne du mal, l'idée d'un dîner « sur le pouce » lui donne la nausée. Elle a cet art, très parisien, de mêler les êtres, les genres et les conversations. Un don, disent certains, un devoir objecte-t-elle.

L'AIR DE RIEN

La table est somptueuse, on a mis les petits plats dans les grands. La Parisienne sait recevoir mais ce qui fait d'elle un être rare, c'est qu'elle ne donne jamais l'impression d'avoir travaillé d'arrache-pied pour obtenir ce sublime résultat. À la voir et à l'entendre, ce petit dîner « très simple » n'a rien d'un tour de force. C'est l'une de ses préoccupations majeures : ne jamais dire qu'on s'est donné un mal de chien, faire croire que le ciel l'a dotée d'un don, celui d'accomplir des prodiges en deux coups de cuiller à pot. Bien sûr, il ne faut pas être dupe d'un tel miracle. La Parisienne pense à ce dîner depuis des jours. Elle a mis le couvert ce matin, avant de partir au bureau, a fait mijoter le veau aux légumes la veille et commandé le puits d'amour la semaine précédente chez son pâtissier préféré. Tout est question d'organisation et, sur ce chapitre-là, elle est imbattable. Elle est rentrée plus tôt, histoire de prendre un bain moussant, de se détendre et de penser à son plan de table. Bien sûr, elle commencera par dire « Installez-vous où vous voulez » avant d'ajouter illico « je me mets à cette place-là, près de la cuisine. Tiens, Jean, assieds-toi à côté de moi et toi Julie, à côté de lui… ». Bref, elle a tout en tête.

Elle s'habillera joliment mais simplement, histoire de ne pas embarrasser la copine dont le vestiaire a peu évolué depuis l'adolescence. Et puis, les invités arrivés,

elle sourira encore et encore, même si sa supérieure hiérarchique est une chienne et que sa migraine vient de la reprendre. Une Parisienne qui reçoit ne doit pas avoir d'états d'âme.

*

L'ART DE LA TABLE

Mi mélancolique, mi amusée, elle se souvient des tables superbes que dressait sa mère. Tout y était : un nombre incalculable de verres, de couteaux et de fourchettes, de porte-couteaux et de cuillers à entremets. Aujourd'hui, la Parisienne préfère le raffiné modeste. Une nappe immaculée et plutôt blanche, en tout les cas unie, c'est plus chic. Pour les assiettes, elle a le choix et varie selon son humeur : les porcelaines de Limoges de sa grand-mère, voire une vaisselle, assortie ou dépareillée, trouvée dans une brocante, ou celles, plus modernes et plus rares, achetées dans un petit magasin raffiné et confidentiel. Elle n'hésite pas à mélanger les services : une assiette à petites fleurs par ici, une assiette blanche par là, c'est plus décontracté si le tout est harmonieux. Les couverts sont en argent ou en métal argenté, elle a banni l'inox, trop commun. Quant aux verres, depuis longtemps il n'y en a plus que deux par personne. Toujours à pied, cela va sans dire, et jamais en couleurs, on ne boit que des bons vins chez elle. Si elle déteste l'inox,

Paris, c'est elles

Simone de Beauvoir

*Peut-on vraiment parler des Parisiennes sans citer
Simone de Beauvoir ? Malgré son apparence
plutôt provinciale, elle est née et est morte à Paris.
La compagne de Jean-Paul Sartre a brillé
par son intelligence et son courage.
Les femmes d'aujourd'hui n'auraient jamais
été aussi libres, ni aussi affranchies, sans cette
intellectuelle engagée.*

Françoise Sagan

*« Le charmant petit monstre », comme l'appelait
François Mauriac. Sagan ne fut pas seulement
l'immense écrivain que l'on sait. Sa liberté,
sa désinvolture, son élégance, ses excès
et sa mélancolie en font
dans l'imaginaire collectif l'incarnation
de la Parisienne des années 1960.*

elle n'aime pas non plus le papier. Les serviettes seront en tissu, assorties à la nappe, un point c'est tout. On n'est pas au camping. Exit les petits bouquets de fleurs, seules les bougies (non odorantes) ont droit de cité sur cette jolie table. Simple et de bon goût a toujours été son leitmotiv. C'est surtout le plus sûr moyen de ne pas se tromper.

*

CONVERSATIONS PRIVÉES

Elle a longtemps cru que certains sujets étaient à bannir d'une conversation mondaine. On lui a dit, il y a de longues années, que les questions de politique et de religion devaient à tout prix être évitées lors des dîners. Et puis, elle s'est assez vite rendu compte que les discussions sur la météo, si passionnantes soient-elles, s'épuisaient à vitesse grand V. Après s'être plainte des températures étouffantes de ce mois de mai, et que chacun ait acquiescé, il fallait trouver autre chose. Bien sûr on pouvait raconter quelques anecdotes sur la plantureuse Kim Kardashian, il y a des choses à dire, mais elle n'ose pas : un peu *cheap* quand même. Alors, la Parisienne s'est rebiffée. À quoi bon organiser un dîner parfait si les anges ne cessent de passer ? La politique et la religion seront de la partie. Elle ne regrette pas cette décision. C'est même elle qui lance le débat. Son truc ? Poser des questions et écouter les réponses qu'elle connaît déjà. Qu'importe, son invité sera heureux de lui expliquer les problèmes causés par la piétonisation des voies sur berges, la situation au Kurdistan, l'influence d'un imam de banlieue ou la dernière affaire de mœurs d'un politique. Jamais la Parisienne n'étalera sa science, mais elle écoutera avec passion et patience ce qu'on lui raconte. Elle se gardera bien d'interrompre sauf si un convive éméché prend la parole pour ne plus la laisser. En parfaite maîtresse de maison, elle apaisera ses ardeurs. La Parisienne sait y faire pour clouer les becs. Elle coupera gentiment mais fermement l'indélicat, se plaindra des températures étouffantes de ce mois de mai et, en désespoir de cause, commentera la nouvelle poitrine de Kim, en espérant que ce sujet, somme toute gonflé, trouvera des amateurs.

Vu par des écrivains

« Oh ! vous savez ce qu'il y a surtout,
dit modestement Madame Verdurin c'est qu'ils se
sentent en confiance. Ils parlent de ce qu'ils veulent,
et la conversation rejaillit en fusées. Ainsi Brichot,
ce soir, ce n'est rien : je l'ai vu, vous savez, chez moi,
éblouissant, à se mettre à genoux devant ; eh bien !
chez les autres, ce n'est plus le même homme,
il n'a plus d'esprit, il faut lui arracher les mots,
il est même ennuyeux. »

Marcel Proust,
Du côté de chez Swann

« Paris est la ville artiste et poète par excellence ; mais
les plus grands artistes et les plus grands poètes de Paris,
ce sont les Parisiennes. Pourquoi ? Parce que, tandis que
ses peintres, ses rimeurs et ses statuaires, en évoquant
l'âme du passé ou en saisissant par une prodigieuse
puissance de compréhension l'esprit de la vie moderne,
produisent seulement des œuvres idéales et fictives,
les Parisiennes imaginent, achèvent, complètent
à chaque instant une œuvre réelle et vivante,
car elles se créent elles-mêmes. »

Théodore de Banville,
Contes pour les femmes

Les conseils de la Parisienne

– Jamais de bougies parfumées sur vos tables. Imaginez deux secondes à quoi ressemble une brandade au goût « fleurs d'oranger ».

– Évitez les fleurs et autres décorations qui empêchent les convives de se voir. Si on ne peut se regarder dans les yeux, on n'entamera jamais une conversation.

– Posez çà et là plusieurs salières. Vous éviterez ainsi que vos convives se passent le sel de la main à la main. D'abord cela porte malheur, ensuite les accidents de « manche dans l'assiette » sont vite arrivés.

– Pour que votre nappe n'ait pas un pli, repassez-la à nouveau, une fois disposée sur la table.

– Si vous offrez du champagne à vos invités, attendez le matin du dîner pour la mettre au réfrigérateur. Un champagne trop froid perd ses bulles ! Et n'oubliez pas de déboucher vos bouteilles de vin quinze minutes avant de passer à table.

– Ne demandez pas à vos amis s'ils veulent du café. Discrets, ils répondront que non. Demandez-leur plutôt s'ils préfèrent du café ou du décaféiné. Instantanément, chacun se sentira à son aise pour accepter un agréable expresso de fin de soirée.

5. Comment elle cause

*Tu causes, tu causes,
c'est tout ce que tu sais faire.*

Raymond Queneau,
Zazie dans le métro

On ne l'imaginait pas comme ça. Cette Parisienne si chic sait aussi lancer une volée de bois vert. Elle n'y va pas par quatre chemins et vous assène deux, trois injures si vous la contrariez. Elle respecte pourtant infiniment la langue française et sait parfaitement l'utiliser. Encore un de ces paradoxes qui rendent la Parisienne si attachante.

GROSSIÈRETÉS CHICS

Mais comment fait-elle la Parisienne pour être grossière sans être vulgaire ? Mystère. Dire des gros mots a toujours été pour elle le meilleur moyen d'apaiser sa colère. Elle prend parfois sur elle de peur de choquer son interlocuteur. Mais le naturel revient au galop. Elle admire toutes les femmes capables de dire : « Il me casse les pieds », une formule qui jamais ne lui vient. Elle lancera plutôt « Il m'emmerde » plus proche de ce qu'elle ressent. Sa manière de prononcer, sa désinvolture, rendrait l'expression presque charmante…

Elle se souvient comment, à la fac, un gamin de son âge l'avait rabrouée, alors qu'elle assénait un « merde » retentissant : « un si vilain mot dans une si jolie bouche », avait-il lancé. Elle l'avait mal pris, c'est peu de le dire, et s'était juré que demain comme aujourd'hui sa jolie bouche resterait libre de tenir les propos qu'elle souhaitait. « Merde » au jeune homme qui ne comprenait rien et qui, comble de l'horreur, prononçait volontiers un « mince » tout à fait inélégant.

Leçons de grossièretés

Oui, la grossièreté peut être chic si on sait y faire. Seules quelques règles sont à respecter :

On ne dit pas de gros mots devant des personnes âgées (et encore, cela dépend desquelles).
On dit merde avec le sourire.
On ne crie pas les grossièretés, on les énonce calmement.
On ne s'excuse pas de les avoir prononcées.
On les mêle à des termes corrects, voire précieux, c'est plus amusant.
On préférera, et de loin « Et merde » plutôt que « Merde alors ».
Lorsqu'on se cogne le petit orteil, on évite le « Oh putain ! », à ne pas utiliser au-delà d'un certain âge, et on le remplace par un « Oh la vache ! », plus correct et tout aussi salutaire.

Tout est histoire de ton, de situation, la Parisienne l'a bien compris. Elle sait aussi que sa liberté de parole ne la rend pas déplaisante aux yeux des autres mais très divertissante.

✳

LE VOCABULAIRE DE LA PARISIENNE

Si la Parisienne a un langage fleuri, certains termes sont bannis de son vocabulaire. Jamais vous ne l'entendrez prononcer certains mots, même s'ils sont corrects, simplement parce qu'ils ne « sonnent » pas parisiens :

On ne vient pas pour l'apéritif mais pour prendre un verre, on n'habite pas sur Paris mais à Paris, on ne se lave pas la tête mais les cheveux, et, pardon pour les âmes sensibles, on n'est pas décédé mais… mort.

D'autres, en revanche, sont agaçants car ils reviennent sans cesse dans sa bouche. Ce sont ses tics de langage dont elle essaye en vain de se débarrasser, inspirés parfois de l'anglais. Des mots qui se démodent aussi vite qu'elle les énonce. Elle doit parfois lutter pour ne plus les prononcer et tente de trouver un équivalent à ce mot qu'elle profère à tout bout de champ. Mais, on le sait, la Parisienne est pressée et n'a pas toujours le temps de faire ces efforts-là.

Ses mots favoris

C'est hallucinant !
C'est énorme !
Un « petit » café ? (un petit verre, un petit croissant…)
Vintage (pour ne pas dire démodé).
Absolument, tout à fait (jamais « oui »).
Sublissime, chiantissime, cultissime…
Clairement, c'est clair.
Bye bye, ciao (jamais au revoir).
Du coup (« je n'y suis pas allée, du coup, elle m'en a voulu »).
Mais non ? (plutôt que « vraiment ? »)
Il est pathétique.
Il est « juste » insupportable.
Je mettrais un bémol…
Il n'y a pas de sujet.

*

LA REPARTIE DE LA PARISIENNE

Le propre de la Parisienne, c'est d'être à la fois fri-
vole et sérieuse. Elle passe d'un sujet à un autre sans
transition, à quoi bon, et son bavardage est rarement
insipide. Car elle approfondit dans son coin les thèmes
qui lui tiennent à cœur. De la dernière série HBO au
comportement sexiste de Donald Trump, de la crise des
migrants à la capsule Inès de La Fressange chez Uniqlo,
elle en connaît un rayon. Si la Parisienne est passion-
nante, c'est qu'elle est passionnée. Hyper informée, elle
ne lit pas toujours la presse mais s'est abonnée depuis
belle lurette à Twitter et autre Instagram. Elle aime la
contradiction, ne se laisse pas impressionner, argumente
et adore employer des mots qu'elle ne connaissait pas la
veille mais qu'elle utilise dorénavant à longueur de temps.

Son instinct étant très aiguisé, elle sait immédiatement
à qui elle a à faire. Et comme sa plus grande angoisse
est d'ennuyer, elle trouvera toujours le bon sujet pour la
bonne personne. Elle articule, pose sa voix, se tient droite
comme un i, renvoyant l'image d'une femme à qui on ne
la fait pas. Face à un nuisible, elle écoute et n'interrompt
pas. Puis elle démarre tout doucement. Observez-la garder son calme, c'est sa plus grande fierté. Des années de

Et Merde

labeur pour réussir à ne pas prendre la mouche face à un contradicteur. Cette fois, elle est au point. Ni haussement de voix, ni rougeur aux joues, juste ce regard, noir et pénétrant, qui introduit avec grâce la *punchline* qui tue.

✳

CONVERSATIONS PARISIENNES

S'il est un sujet que vous n'entendrez jamais dans la bouche d'une Parisienne, c'est l'argent. Difficile de savoir combien elle gagne. C'était un sujet tabou chez ses parents, il l'est resté pour elle. L'argent est un peu vulgaire, même aujourd'hui, dans ce monde où il règne en maître. Elle se permet parfois de lancer que le manteau qu'elle porte n'est « pas cher du tout » ou qu'il est « beaucoup trop cher », mais n'allez pas lui demander des précisions. Lorsqu'elle gagne très bien sa vie, elle n'en fait pas un fromage. Elle est même parfois gênée face à des amis moins nantis et elle ne leur fera jamais sentir que sa vie est plus facile. Discrète, elle ne pleurera pas non plus sur son compte en banque en berne.

La Parisienne adore les grands sujets. L'avenir du monde la titille. L'écologie la passionne. Elle aime débattre sur le réchauffement de la planète, les animaux en voie de disparition, annonce fièrement qu'elle ne prend presque plus son automobile et a remplacé

les bains par des douches. Elle raffole de politique :
mettez-la en face d'un homme de gauche, elle se sentira
de droite et inversement. Histoire d'argumenter. Elle
hait qu'on la traite d'idéaliste et se retient donc de
dire que la guerre c'est moche, déteste qu'on l'assimile
à la gauche caviar ou à la droite tradi. Bref, on ne sait
jamais vraiment où est la Parisienne. Un flou, comment
dire, artistique.

Conseils de Parisienne

Apprenez donc deux, trois mots d'argot. Cette langue magnifique, imagée et fleurie, vous rendra bien plus originale surtout si vous glissez quelques termes bien choisis dans la conversation. Promis, vous épaterez votre interlocuteur, mieux, vous ferez sourire le plus sinistre d'entre eux. Relisez Alphonse Boudard ou Frédéric Dard, revoyez les films de Michel Audiard et gardez en tête l'expression la plus amusante. À utiliser avec un ton châtié, c'est plus drôle, et avec parcimonie bien sûr !

Ne le niez pas, ça se voit comme le nez au milieu du visage. Vous mourrez d'envie de dire à ce monsieur qu'il doit s'empêcher de dire « Bon appétit » en se mettant à table. Il croit être poli, vous savez que c'est une faute de savoir-vivre. Vous n'avez plus qu'à le laisser faire même si cela vous écorche les oreilles. Souriez à son invitation et répondez, quoi qu'il en soit, « merci ». Rien n'est plus mal élevé que de donner des cours de politesse. Taisez-vous, donc, qu'importe. Vous savez, vous, qu'on ne parle jamais d'appétit avant les repas. Tout le monde n'a pas la chance d'être la reine de l'étiquette mais on peut aisément éviter de passer pour la reine des arrogantes.

6. La Parisienne au volant

Je préfère pleurer dans une Jaguar plutôt que dans un autobus.

Françoise Sagan, *Bonjour tristesse*

La mairie de Paris fait à peu près tout pour que la Parisienne remise son auto. C'est mal la connaître, elle qui, irréductible, n'en fait qu'à sa tête. La voiture, elle en a besoin, ne serait-ce que par paresse. Mais aussi pour filer, telle la déesse Iris, à la vitesse du vent.

PARISIENNE PUR JUS

Oubliée la féminité de la Parisienne. Admirée du monde entier pour sa grâce et sa délicatesse, elle se révèle en auto un monstre de violence et d'irrévérence. Il est 19 heures boulevard de Sébastopol. Coincée entre une estafette et un poids lourd, la Parisienne perd ses nerfs. Ouvre sa fenêtre et hurle en direction du conducteur qui la précède des mots que la décence nous interdit de divulguer. L'absurdité de la situation la met en rogne. La colère monte, bientôt elle ne pourra pas la contenir. Elle klaxonne, sachant bien que cela ne sert à rien, et ne supporte pas le poids lourd qui l'actionne à son tour. Seul moyen de se calmer, le téléphone. Et que la police ne vienne pas lui dire que c'est interdit au volant. Elle se lamente, maudit la terre entière et en particulier la mairie de Paris qui ne fait pas son boulot. Elle a chaud, puis froid, donnerait n'importe quoi pour une cigarette, elle qui ne fume plus depuis des lustres. Elle devient parano : ce cycliste, qui la dépasse tranquillement, n'a-t-il pas esquissé un sourire narquois ? Qu'il aille se faire pendre. Ce scooter a touché son rétroviseur, il va voir comment elle s'appelle, mais non, il est déjà trop loin. Tous des pignoufs. Soudain, la route se libère comme dans un rêve. Elle roule, avance, accélère plus que de raison, se faufile dangereusement entre deux camionnettes, passe à l'orange, elle a déjà trop attendu. On la traite de tous les noms et, entre deux insultes bien senties, elle entend « Parisienne, va ». Finalement la journée ne finit pas si mal.

Elle devrait plutôt

Les embouteillages, il y en aura de plus en plus et, si elle ne veut pas finir complètement dingue, il va falloir trouver une méthode, s'habituer par exemple. Le boulevard de Sébastopol à 19 heures, ne soyons pas naïfs, n'est jamais désert. Comment faire pour rester stoïque ? Écouter les infos peut être une solution sauf si c'est pour entendre que Paris est bouché de toute part. Non, il vaut mieux chanter ! Ne souriez pas, c'est une très bonne solution contre le stress. Voici comment faire : diffusez la musique de votre portable sur votre autoradio. Toutes vos chansons ou vos opéras préférés y sont téléchargés ? C'est parti. D'abord on ferme les fenêtres, on s'installe confortablement sur son siège. Attention, on ne fredonne pas, on s'époumone, on hurle, on s'égosille. Vous n'imaginez pas comme chanter fait du bien, et surtout comme cela apaise. Après une demi-heure de Michel Delpech ou de Norma, on ne peut plus être agressive. Son corps se détend, la tension se relâche. Adieu pensées négatives, la Parisienne s'est extirpée du monde jusqu'à en oublier ses envies de meurtres. Mieux, elle aura, contre toute attente, passé un bon moment.

✻

LA PLACE DES FEMMES

La Parisienne est courageuse dans bien des domaines. Au volant, elle le prouve chaque jour. Conduire dans Paris fait peur à bien des provinciaux, et on les comprend. Depuis qu'elle est en âge d'avoir son permis de conduire, la Parisienne a fait sienne une devise : « Advienne que pourra. » Regardez-la prendre la place de l'Étoile. Précisons : cette place a ceci de particulier que le sens de priorité est inversé. La Parisienne n'ayant jamais pris le temps de comprendre comment tout cela fonctionnait, elle fonce. Son but : tourner coûte que coûte autour de ladite place puis se frayer un chemin sur la droite pour rejoindre l'une des douze avenues qui partent de là. Dit comme cela, rien de plus simple. En réalité, rien de plus dangereux. Mais la Parisienne n'en a que faire, elle avance, les autres finiront bien par s'arrêter pour la laisser passer. Et le pire, c'est que ça marche. Elle n'a pas pressé une seule fois la pédale de frein et rit sous cape en apercevant les visages livides des néophytes.

✻

À savoir

Selon une étude, les femmes sont bien moins dangereuses que les hommes au volant, mais n'ont pas que des qualités. Outre le fait qu'elles aiment monter le ton, elles sont plus nombreuses à écrire des SMS en roulant, à brûler le feu orange et à slalomer entre les files de voitures. Mais, contrairement aux idées reçues, elles conduisent habilement et, oui, savent faire un créneau en moins de temps qu'il ne faut pour le dire. À bon entendeur…

Une compagnie d'assurances s'est amusée à lister les insultes proférées par les femmes au volant. Notre décence légendaire nous empêche, hélas, de divulguer ici les termes précis employés par ces dames en voiture. Sachez que c'est gratiné et au moins aussi vulgaire que ce que peuvent énoncer les messieurs. Allez, on vous le dit quand même : « Connard » est utilisé par 74 % des automobilistes de la gent féminine. Pas très chic, soit, mais extrêmement libérateur.

LA REINE DES CONDUCTRICES

On l'a vu, la vitesse ne lui fait pas peur. Elle accélère et ne s'arrête que si c'est obligatoire. Les passages piétons ont été inventés pour la déstabiliser, et elle n'aime pas ça. Le piéton parisien connaît par cœur l'automobiliste parisienne. Il adore surgir au dernier moment et la voir freiner rageusement. Il s'amuse, traverse à tout petits pas, presque flânant, le nez en l'air. La Parisienne enrage. Parfois il lui sourit, la remercie d'un geste de la main. Autant dire que jamais elle ne répond à ces simagrées.

Elle doit maintenant trouver une place. Mais elle n'est pas du genre à chercher indéfiniment. La livraison devant elle lui tend les bras, elle s'y engouffre. Tout est bon pour se garer, sauf la place prévue pour les handicapés. Ah non ! Ça, elle ne l'admet pas, elle est on ne peut plus civique. Mais elle ne rechigne pas à stationner sur les clous, les trottoirs et, le must, devant les portes cochères. Arrive la contractuelle qui l'avertit fraîchement : si elle ne dégage pas dans les trente secondes, elle se verra gratifiée d'une prune. La Parisienne est partagée. Elle aimerait injurier l'aubergine (un surnom très vintage qu'elle aime prononcer, plus imagé selon elle que « pervenche », très années 1990), mais ne veut pas alourdir la note. Résignée, elle s'extirpe de cette mauvaise posture et part se garer deux mètres plus loin. Sur un passage piéton.

✳

DANS LE RÉTRO

Sa voiture, c'est sa maison. Ouvrez la boîte à gants, vous y trouverez toutes sortes d'accessoires et de gourmandises. Mouchoirs en papier, plan de Paris, barres repas hypocaloriques, bonbons sans sucre, lunettes de rechange, objets non identifiés, paire de collants, Doliprane, crème de jour, mascara ou encore rouge à lèvres. Oui, la Parisienne sait se maquiller à peu près partout. Il lui suffit d'un rétroviseur qu'elle utilise moins pour des raisons de sécurité que pour se refaire une beauté. Un coup de mascara entre deux arrêts, un peu de rouge à lèvres dans les embouteillages. Jusqu'ici tout va bien.

Mais c'est quand elle prend son temps que la Parisienne exaspère les autres conducteurs. Regardez-la sortir de l'immeuble où elle avait rendez-vous, entrer dans sa voiture – bien garée pour une fois –, observez maintenant la mine réjouie de cet automobiliste qui voit enfin une place se libérer. Il est prêt à patienter deux minutes, le temps que la charmante lui cède son précieux bien. Mais il va lui falloir attendre bien plus longtemps car la Parisienne profite de ce moment de répit pour se farder. À ce moment précis, elle sait que l'impatient la hait, elle entend ses coups de klaxon, qu'importe, elle a tout son temps. Finalement, recoiffée et pomponnée, elle exécutera un très gracieux bras d'honneur, simple mais élégant, et daignera s'en aller. Non sans heurter l'auto de devant puis l'auto de derrière avant de s'extirper. La précision n'est pas dans sa nature, encore une mauvaise manie… typiquement parisienne.

7. À bicyclette

Dans Paris à vélo, on dépasse les autos
À vélo dans Paris on dépasse les taxis

Joe Dassin,
La Complainte de l'heure de pointe

Nul besoin d'un vélo neuf pour être l'élégance personnifiée. Depuis que la Parisienne s'est mise à la bicyclette, les passants sont impressionnés par sa dextérité, son audace et son chic immuable.

VIEUX CLOU

Il y a quelques années encore, on ne parlait pas de Parisienne à vélo. Parce que cela n'existait pas. À Paris, seuls les coursiers étaient des cyclistes. Mais les temps changent, la ville est devenue impraticable pour les automobiles. En 2007, les Vélib' et les pistes cyclables ont fait leur apparition et donné des idées aux Parisiennes, même les plus réfractaires. Rouler à bicyclette est devenu le comble de l'élégance et le plus sûr moyen de raffermir ses gambettes.

Attention, à présent il vaut mieux disposer de son propre vélo, le Vélib' commence à faire touriste. Au départ, la Parisienne rêvait d'un « hollandais », ces grands engins « *so* chics » mais elle a déchanté. En moins de vingt-quatre heures, ils s'étaient évaporés. Oui, les vélos sont sans cesse volés, ce n'est pas un secret. Bien protégés dans une cour, enchaînés, caparaçonnés, hyper sécurisés, ils s'envolent en vingt-quatre heures chrono. Après un moment de désespoir compréhensible, la Parisienne s'adapte et rapporte de l'île de Ré la vieille bécane de son enfance ou achète une bicyclette d'occasion, la plus moche, la plus rouillée, la moins attrayante. Une méthode qui a fait ses preuves. Et puis, quelle aubaine, un vélo pourri est devenue tendance. Quoi de plus glamour qu'une coquette chevauchant un biclou bousillé ? La Parisienne, rappelez-vous, déteste le clinquant.

*

TENUE DE CYCLISTE

Sécurité ou élégance ? Ne posez pas la question à la Parisienne, vous connaissez déjà la réponse. Le port du casque n'étant pas obligatoire, elle préfère évidemment s'en passer. Il faut avouer qu'on n'a pas encore trouvé le moyen d'en concevoir un seyant. Plutôt que de ressembler à un moustique en goguette, la Parisienne lâche ses cheveux aux quatre vents. Élégante, même en jupe, comment fait-elle ? Tout est bien sûr pensé. Elle connaît la longueur idéale pour être décente et chic, et roule telle une déesse dans les rues de sa ville. La Parisienne ne transpire pas, encore un mystère de la génétique : l'avez-vous déjà croisée en nage ? Si oui, ce n'était pas une Parisienne mais une touriste. À force de grimper les pentes montmartroises ou la rue de Ménilmontant, elle a atteint un niveau presque pro. On ne la voit jamais cracher ses poumons, jamais renoncer, jamais se plaindre du pourcentage de la côte. La Parisienne est opiniâtre, c'est là son moindre défaut.

✳

LE CODE DE LA ROUTE PARISIEN

La Parisienne connaît sur le bout de ses doigts manucurés le code de la route. Mais elle prend un malin plaisir à le détourner. S'arrêter au feu rouge en voiture, oui. S'arrêter au feu rouge à vélo, cela se discute. S'il n'y a personne, vraiment personne, aucun piéton, aucune auto, elle n'est pas du genre à perdre son temps. Alors, elle fonce. Son plus grand plaisir : éviter de poser pied à terre. Le comble c'est que la cycliste parisienne est paranoïaque : demandez-lui ce qu'elle pense des conducteurs, des scooters et des piétons. À l'entendre, ils font tout pour provoquer un accident. Ils lui en veulent, c'est sûr. Ils sont jaloux, certainement. De sa liberté, de ses efforts pour sauver la planète, de son agilité à les contourner en plein embouteillage. Les fautifs sont toujours les autres. Elle y croit dur comme fer. La Parisienne n'est pas toujours objective.

8. Une élégance innée

La mode domine les provinciales,
mais les Parisiennes dominent la mode.

Jean-Jacques Rousseau,
Julie ou la Nouvelle Héloïse

La Parisienne ne plaisante pas sur son apparence. Elle est, en matière de mode, exigeante, pointilleuse, voire capricieuse. Le résultat est le plus souvent à la hauteur de ses espérances. Son point fort ? La certitude qu'elle ne se trompe jamais.

UN RIEN L'HABILLE

La Parisienne est donc la femme la plus élégante du monde et elle a, de toute évidence, une réputation à tenir. La veinarde (le monde est injuste) n'a pas d'énormes efforts à faire pour y arriver. Elle a compris depuis des lustres que le bling-bling ne lui allait pas au teint et préfère le classique. Ou plutôt le neutre. Un neutre étudié mais un neutre quand même. Le noir étant la couleur la plus facile à porter, elle en abuse. Attention, pas question pour autant de ressembler à une veuve corse.

En vivant à Paris, elle respire la mode et saisit tout de suite le détail qui transformera une silhouette 2016 en silhouette 2017. Et surtout, elle sait ce qui lui va. Car la Parisienne a des complexes physiques. Elle se fait un monde de ses bras trop flasques, de ses genoux trop mous, et met un point d'honneur à ne les montrer jamais. L'élégance de la Parisienne, c'est de connaître parfaitement ses petits défauts mais aussi ses atouts : elle exhibe ce qu'elle a de mieux et cache le pire. De belles gambettes ? Va pour le court. Des fesses trop rondes ? Va pour le fluide. Elle ne se force jamais à s'habiller pile dans la tendance si ce n'est pas son genre, c'est peut-être ce qui la distingue.

Le compte en banque de la Parisienne n'est pas toujours au beau fixe, alors elle ne passe pas sa vie chez les grands couturiers. Mais elle a ses petits secrets. Le chic n'est pas forcément cher, mais il est exigeant : jetez un œil dans

les magasins de fripes, même les plus misérables, même les plus ringards, vous apercevrez certainement une ou plusieurs Parisiennes, féroces et concentrées, un tas de vêtements dans les bras, fouillant méticuleusement rayon après rayon. Le manteau genre Lanvin, la jupe genre Vuitton, la chemise genre Balenciaga, de toute façon, sur elle, les copies semblent des originaux. Le miracle de la Parisienne.

✳

FASHION WEEK

New York, Londres, Milan, c'est bien. Mais chacun le sait, Paris est et restera la capitale mondiale de la mode. Pour le prêt-à-porter, les défilés ont lieu en mars et en octobre. Pour la haute couture, les top models défilent en juillet et en janvier. Dior, Chanel, Louis Vuitton et les autres rivalisent d'imagination pour créer, mieux qu'une simple présentation, un spectacle, et s'approprient les lieux les plus prestigieux de la capitale : le Grand Palais, le musée Rodin, le Centre Pompidou...

Si vous ne faites pas partie du monde merveilleux de la Fashion, vous ne serez jamais invité aux défilés de couturiers. Ne rêvez pas, on vous dit que ça n'arrivera pas. Les places sont chères et les élus sont sélectionnés avec soin. Au premier rang (« le *front row* »), on reconnaît la célèbre Anna Wintour, rédactrice en chef de *Vogue* USA, quelques stars françaises ou internationales, souvent

Une Parisienne doit savoir

Le plus ancien des grands magasins parisiens s'appelait Le Tapis Rouge. Fondé en 1784, faubourg Saint-Martin, il inspire Zola pour son roman Au Bonheur des dames. Devenu grand hôtel, magasin de jouets puis usine de confection, le bâtiment est à présent loué pour des séminaires ou des mariages. En 2002, le Tapis Rouge fut le QG de Jacques Chirac lors de la campagne présidentielle. Aujourd'hui, le Printemps et les Galeries Lafayette sont les incontournables grands magasins parisiens. Mais le must, c'est Le Bon Marché. Chicissime, à la pointe de la mode, les fashionistas y passent tous leurs samedis après-midi.

Si ce magasin n'a plus la robe de vos rêves en taille 38, ne baissez pas les bras. Insistez, poliment, auprès de la vendeuse. Il faut qu'elle vous la trouve ! Faites appeler la maison mère, les autres boutiques de la marque. Demandez à ce qu'on vous la commande, bref, entêtez-vous, c'est une attitude très parisienne !

devenues des égéries, des stylistes de magazines féminins et des grands photographes. Certaines bloggeuses, comme Garance Doré, et quelques instagrameuses, comme Chiara Ferragni, ont rejoint ce cercle très fermé. Elles sont, si on en croit les professionnelles, extrêmement influentes et donc chouchoutées. Derrière ce joli monde, les acheteuses, des étudiants en école de mode et peut-être exceptionnellement vous-même, si vous êtes le cousin ou la cousine préférée de Karl Lagerfeld, d'Olivier Rousteing ou de Nicolas Ghesquière…

✳

LESS IS MORE

La Parisienne se souvient de ses parents s'apprêtant à sortir. Elle revoit sa mère dans sa robe « trois trous » noire et son collier de perles. Son père en costume gris anthracite et cravate de soie. Mais où pouvaient-ils donc aller, si élégamment vêtus ? « Chez des amis, tout simplement. Sache qu'à mon époque on s'habillait. » La réponse de sa mère la laisse rêveuse. Si la Parisienne d'aujourd'hui se soucie de son allure, elle refuse d'en faire trop. Trouver le juste milieu est l'une de ses qualités. Un jean soit, mais avec un blazer impeccable. Un gros pull, d'accord, mais avec un pantalon de smoking. La Parisienne préférera toujours ne pas être assez habillée qu'*overdressed*, c'est comme ça. Plutôt être prise pour une artiste que pour une patronne du CAC 40. S'habiller « cool chic » est un long chemin qu'elle a parcouru non sans peine depuis des années. Trouver son style fut pénible, elle n'a qu'à regarder les photos de son adolescence planquées depuis longtemps dans son placard. Les années 1980 lui allaient mal au teint. À propos de teint, le plus beau des maquillages est celui qui ne se voit pas. La Parisienne l'a bien compris et n'aime rien tant que d'entendre qu'elle a bonne mine quand elle n'a pas quitté Paris depuis des mois. Conclusion, la Parisienne est parfois excessive sauf en matière d'apparence. C'est même à ça qu'on la reconnaît.

✳

DU MATIN AU SOIR

La Parisienne est impeccable, même à 8 heures du matin. Dans le métro, remisez quelques minutes votre portable et observez-la. Pas un cheveu qui dépasse, le mascara discret et les lèvres brillantes, prête à attaquer sa dure journée de labeur. Les souliers sont cirés, n'allez pas lui marcher sur les pieds, le chemisier repassé, la crinière soignée. On comprend à ces quelques détails que rien n'est dû au hasard. La Parisienne refuse le négligé. Ce léger parfum qui embaume la rame n'est pas une nouvelle fantaisie de la RATP pour nous calmer les nerfs, mais bien la fragrance fruitée mais discrète dont elle s'est aspergée. Ses collants (noirs, opaques, elle a depuis longtemps remisé le collant chair de ses seize ans) ne semblent pas fatigués et encore moins filés, cela va sans dire. Les dents sont forcément immaculées mais cela, on est obligé de le deviner. Car la Parisienne, toute proprette qu'elle est, ne sourit jamais. Sachez qu'elle s'est réveillée tôt pour offrir cette apparence et qu'elle n'aime pas ça. Mais on ne devient pas parisienne sans effort. La Parisienne est aussi magique que de mauvaise humeur.

Elle devrait plutôt

La Parisienne oublie que la plus chic des tenues n'a pas grand intérêt si elle n'est pas assortie d'un sourire. Une femme n'est jamais aussi belle que quand elle est heureuse ou quand elle fait comme si. En entrant dans un métro bondé, on ne la contemplera pas parce qu'elle est raffinée, on ne se retournera pas parce qu'elle sent bon… si elle fait la gueule. Et puis, elle devrait savoir qu'en affichant un visage jovial, elle rajeunit de quelques années, ce qui est toujours bon à prendre. Alors, quand on la bouscule, quand on lui écrase le pied, la Parisienne devrait montrer le meilleur d'elle-même. Une femme séduisante le sera plus encore si elle est affable. Elle qui a si peur d'afficher sa bonne humeur devrait parfois penser à Julia Roberts. Que serait cette star adulée si elle ne souriait jamais ? Une actrice de seconde zone.

Bijoux : 8 règles à connaître

Une Parisienne sait briller de mille feux. Par son charme, son élégance, sa gouaille aussi. Mais elle est mesurée. Montrer aux autres ses biens, étaler ses richesses, cela ne fait pas partie de son état d'esprit. Les bijoux ? Elle en a parfois. Mais elle ne s'amuse pas à les exhiber sans cesse. Elle suit certaines règles que voici :

1. *Non à la parure. Jamais de bracelet assorti au collier, aux boucles d'oreilles, à la bague.*

2. *Une émeraude de famille au doigt. Mais rien d'autre.*

3. *Un énorme diamant synthétique avec un jean, c'est chic.*

4. *Plus de bague de fiançailles démodée. Seule option : changer la monture. L'émeraude entourée de diamant était à la mode au siècle dernier.*

5. *Pas de collier court qui attire l'attention sur une peau distendue et pas de bague rikiki qui fait ressortir les taches sur les mains.*

6. *Plein de bracelets, modèles anciens aux modernes, de l'or à du cuir. Mais attention, d'un côté seulement.*

7. *Jamais de montre « rigolote » ou « scintillante », mais un modèle pour homme, gros et métallique. Ou un classique d'une grande marque.*

8. *Jamais de montre en tenue de soirée.*

✳

LE GRAAL

Fauchée comme les blés ou riche comme Crésus, la Parisienne ne dérogera jamais à une règle : elle portera, quoi qu'il arrive, un it-bag. Entendez un sac à main de marque. Et pour ça, elle est prête à bien des sacrifices : casser son livret de caisse d'épargne, fouiner des heures entières sur Internet, faire tout Paris pour trouver le Kelly, Birkin, City, 2.55, Speedy et autres Saint-Louis de ses rêves. Acheté neuf ou d'occasion, grand ou petit, elle l'arbore avec une nonchalance toute parisienne bien qu'elle éprouve à son égard une passion immodérée. Contrairement aux vêtements, acheter une copie dudit sac est inconcevable. La Parisienne est intraitable sur la qualité des accessoires. D'ailleurs, la réplique parfaite n'existe pas. Et elle adore s'amuser à déceler les faux. Ses yeux sont des lasers. En moins de temps qu'il ne faut pour le dire, le pot aux roses est découvert. La Parisienne a deviné, sachez-le, que votre sac a été fabriqué à Marrakech et que vous l'avez rapporté sous le manteau. Elle ne vous dénoncera pas, ce n'est pas son genre, mais n'essayez pas de lui faire avaler le contraire. Jamais elle ne tombera dans ce piège ridicule.

✳

DANS LE SAC À MAIN

Si la Parisienne arbore plutôt une pochette microscopique les soirs de fête, elle porte au quotidien un sac, disons, imposant. Le problème, toutes les Parisiennes vous le confirmeront, est que plus il est grand, plus elle le remplit. Autant dire qu'elle ne retrouve jamais le bon objet au bon moment. On ne dit pas assez le stress qu'éprouvent les femmes quand il s'agit de sortir de ce cabas leur rouge à lèvres quelques secondes avant un rendez-vous professionnel d'importance. Oui, le sac des Parisiennes ressemble à celui de Mary Poppins, la magicienne de notre enfance. Elle en sort à l'infini une multitude d'objets, souvent non identifiés et qui, a priori, n'ont aucune raison de se trouver là. Le sac de la Parisienne est le seul endroit, vraiment le seul, où le bazar a droit de cité.

✳

LE PARFUM DE LA PARISIENNE

On lui en fait des compliments, on ose parfois humer sa nuque, tant la Parisienne sent bon. Cette fragrance musquée ou fruitée, elle ne l'a pas choisie par hasard.

Ce fut un long parcours du combattant, des recherches interminables. Elle s'est souvent trompée, pensant naïvement que le Azur de chez Pior qui va si bien à cette amie serait sur elle un délice. Mais non. On ne le répétera jamais assez : un parfum ne convient pas à toutes les carnations. On le sait, la Parisienne n'abandonne jamais et il lui a fallu plusieurs années avant de trouver le graal. Aucune enquête ne parle de la constance de la Parisienne, pourtant, en matière de parfum, elle est d'une fidélité à toute épreuve. Tant et si bien que tous ceux qui l'aiment seraient perdus si, la prenant dans leur bras, ils ne reconnaissaient pas ce parfum subtil qui la personnifie. Oui, la Parisienne sait y faire pour qu'on ne l'oublie pas. Il est exclu de sortir de chez elle sans s'être aspergée de la précieuse essence, jamais sur la peau, toujours sur ses vêtements. Ainsi, on la croise emmitouflée dans un manteau aux effluves délicieux, sa marque de fabrique.

✶

COIFFÉ-DÉCOIFFÉ

On l'a vu, la spécificité de la Parisienne, c'est de soigner les détails invisibles à l'œil nu. Oui, elle reste un long moment dans sa salle de bains, non elle ne le vous dira jamais. L'exemple le plus parlant, c'est celui du cheveu. Hors sujet ici, la propreté : la Parisienne au cheveu gras n'existe que dans le cerveau malade d'envieuses à bout d'arguments. Non, la seule question intéressante a trait à la coiffure. Car les cheveux de la Parisienne ne sont pas, à première vue, impeccablement coiffés. Entendez qu'elle n'a jamais l'air de sortir de chez un professionnel. Le côté volumineux a perdu de sa popularité depuis les années *Dallas*, un souvenir qui ne nous rajeunit pas. Certes, des jeunes filles arborent des cheveux longs parfaitement lissés mais toutes celles qui ont dépassé l'âge de soigner leur acné ont une vision très différente de l'art de traiter leur crinière.

Le coiffé-décoiffé est un style à part entière. Brushing, oui, mais jamais parfait. Quelques mèches qui rebiquent sont préférables. Tout sauf avoir l'air d'une mémère, inutile de donner des exemples, chacune a en tête une femme à qui elle n'a pas envie de ressembler. Souvenez-vous bien d'une chose : dire à une Parisienne qu'elle est parfaitement coiffée ne sera pas forcément perçu comme un compliment.

✳

Anti bling-bling

Pour être une vraie Parisienne, observez attentivement Kim Kardashian et faites exactement le contraire. La Parisienne connaît intuitivement certaines règles. Donc, elle :

– Ne portera pas de robes immettables : transparentes, moulantes, trop courtes, trop longues, trop décolletées, trop brillantes.
– Ne tweetera pas toutes les vingt-cinq secondes des photos d'elle.
– Évitera le selfie qui, outre son narcissisme exacerbé, fait ressortir rides et peau grasse.
– N'abusera pas de la chirurgie esthétique.
– Encore moins du tatouage et du piercing.
– Ne sera jamais trop bronzée.
– Ne se maquillera pas comme une voiture volée.
– N'étalera pas sa fortune.
– Ne parlera pas pour ne rien dire.

Kim Kardashian n'a pas les codes, c'est pourquoi, indulgentes, nous passerons sous silence ce que nous pensons d'elle.

Rêvons un peu

11 heures du soir, elle est crevée. Étendue sur le canapé, elle ne rêve que d'aller se coucher. Mais Alphonse la regarde. Il va falloir y aller. Elle donnerait pourtant tout pour qu'il l'oublie. Une fois, une seule fois. Mais non, il se fait insistant. Elle va devoir le suivre, l'accompagner, quitter son appartement douillet en ce mois de février glacial. Avant de descendre l'escalier raide, de s'engouffrer dans les frimas de l'hiver, elle passe une seconde dans sa salle de bains. Jamais elle ne sortira sans vérifier son allure. Il est 23 heures, lui rappelle-t-on, il fait moins dix degrés et personne, personne vraiment, ne la verra. Mais c'est un langage qu'elle ne peut pas entendre. Elle s'inspecte, arrange ses cheveux, enfile son meilleur manteau et sort balader ce chien qu'elle aime profondément, sauf peut-être le soir, en février. Elle se remémore ce terrible moment où, justement, elle n'avait guère fait attention à sa mise. C'est évidemment ce jour-là qu'elle a croisé son premier amour, perdu de vue depuis des siècles. Pas coiffée, pas maquillée, hideuse, en tous les cas l'impression de l'être, cet homme l'a hélée. Elle aurait tout donné pour être ailleurs, loin, très loin. Pas en tête à tête avec l'individu qui, c'est sûr, devait être abasourdi par son vieillissement précoce. Leur conversation dura moins d'une minute. *Le temps suffisant pour qu'elle se jure que plus jamais on ne l'y reprendrait. Dorénavant, quoi qu'il arrive et à n'importe quelle heure, elle sera éblouissante en sortant de chez elle.*

9. Les mauvaises manies

Dieu a inventé le Parisien pour que les étrangers ne puissent rien comprendre aux Français.

Alexandre Dumas

Ses manières sont un peu brutales, on ne peut dire le contraire. Vivre dans une ville comme Paris, c'est être, la plupart du temps, de méchante humeur. Tant de petites choses sont horripilantes qu'il faudrait être d'une indulgence sans limite pour garder son calme. La Parisienne ne l'est pas et survit comme elle peut entre impatience et agacement.

ESPRIT DE CONTRADICTION

Qui est la première à décrier sa ville ? La première à la dénigrer ? La Parisienne, bien sûr. Sa ville n'est plus ce qu'elle était. Pire, elle se meurt. Parlez-lui plutôt de Londres, la capitale de tous les possibles, de Berlin, le berceau des artistes, ou de New York, la métropole qui ne dort jamais. Paris est devenue triste, larguée, à côté de la plaque. Impraticable en voiture, détestable à vélo. Ne parlons pas du métro, puant et bondé, des autobus, lents et inconfortables. Des soirées mornes passé 2 heures du matin, des bistrots qui ne sont plus de quartier. N'essayez pas de défendre Paris devant une Parisienne, vous perdriez la bataille. Ses arguments sont imparables. Non, tentez plutôt d'être d'accord avec elle, insistez sur cette déliquescence et voyez sa tête. La Parisienne se fait prendre à son propre piège : subrepticement, elle changera son fusil d'épaule. Si elle peut, elle, railler son Paris, elle n'aime pas que les autres le fassent. C'est un peu comme avec sa famille : personne d'autre qu'elle ne peut en dire du mal. C'est toute honte bue, que, soudain, elle défendra bec et ongles son petit coin de paradis, son chez-elle. Alors, ne poussez pas le bouchon : soyez indulgent avec la Parisienne. Et écoutez-la s'embourber dans ses charmantes contradictions.

Ce qu'ils pensent des Parisiens

« Je viens de New York, où les piétons ont une vraie chorégraphie dans la rue, on évite de bousculer les autres. À Paris, j'ai l'impression d'être dans une ville provinciale, où les gens ne savent pas marcher, et me rentrent tout le temps dedans. Donc maintenant, je commence à devenir très agressive avec les gens, et je m'en fiche ! »

(Scarlett Johansson,
qui est finalement rentrée en Amérique)

« On regardait Paris, émerveillé, en se disant que c'est fantastique que l'humanité ait construit une ville pareille : les rues, l'architecture, les arbres, la façon dont les Parisiens s'habillent, mangent, se comportent, tout est signe du plus haut degré de civilisation. Perdre la moindre portion de ça, c'est terrible. Et malheureusement, Paris aujourd'hui a perdu une partie de ses beautés. L'architecture et l'urbanisme demeurent les mêmes. Oui, bien sûr, mais l'esprit a changé. »

(Woody Allen,
qui est reparti tourner à New York)

*

FILE D'ATTENTE

Oui, elle est au courant. Dans le monde entier, on attend patiemment son tour. Les files d'attente sont ordonnées, personne, ô grand jamais, n'oserait troubler les rangs. Mais Paris n'est pas Stockholm et, en bons latins, ses habitants y font à peu près ce qu'ils veulent. Honnêtement, attendre vingt minutes pour entrer dans une salle de cinéma, la Parisienne a essayé. Au bout de trente secondes, elle s'ennuyait follement. Pas question de faire du sur-place plus longtemps, va pour la triche. Si la Parisienne a bien des vertus, il en est une qui n'est pas inscrite dans ses gènes : la patience. Elle n'hésitera donc jamais à gruger, quitte à irriter les autres. Un air de ne pas y toucher par là, un joli sourire ou un faux appel téléphonique pour faire comme si de rien n'était… et la voici devant tout le monde. Elle se fait prendre souvent, mais pas toujours. Et, lorsqu'elle a réussi son coup, lorsqu'elle a dépassé les gogos qui vont poireauter encore un moment, elle ressent une grande satisfaction, mêlée, il est vrai, à quelques scrupules, vite oubliés quand elle sera assise confortablement dans son fauteuil.

*

Vu par des écrivains

« Oh oui, que c'est bon d'être aussi con
que les Parisiens ! De se foutre en rogne pour un Vélib'
foireux, une place de livraison occupée, un PV injuste,
un restau bondé, un téléphone déchargé ou un horaire
de brocante mal indiqué. »

Anna Gavalda,
Billy

« Paris abrite une ethnie intéressante qui a sa façon
de parler, de penser, de se conduire. »

Claire Brétécher

CHACUN POUR SOI

On dit parfois de la Parisienne qu'elle manque de savoir-vivre. Pourtant, elle aime sermonner les autres sur le sujet et, en particulier, dans la rue. Comme on le sait la Parisienne suit une trajectoire précise qui ne supporte pas d'arrêts intempestifs. Elle trace, imperturbable ou presque. N'allez pas lui barrer la route. On ne saurait trop recommander à tous ceux qui la gênent de ne pas s'émouvoir si elle leur lance des noms d'oiseaux. Prenez les adolescents. Ces charmants petits êtres pas tout à fait finis ont la curieuse habitude de ne se déplacer qu'en meute, accaparant le trottoir de notre Parisienne. Difficile pour le commun des mortels de se faufiler entre deux gamins pour poursuivre son chemin. Pas pour la Parisienne qui joue allégrement des coudes. Entendez-la lancer, d'un ton exaspéré, des « pardon, pardon, je peux passer ? », prendre sa tête des mauvais jours et jeter aux gamins son fameux regard noir. Et n'allez pas lui dire qu'il faut que jeunesse se passe. La jeunesse ne doit pas être un obstacle à sa course folle, un point c'est tout.

Même chose pour les landaus qui monopolisent les trottoirs. Épuisées par tant de nuits sans sommeil, trop de mères oublient de remercier la Parisienne qui s'est exceptionnellement rangée pour les laisser passer.

Pourquoi faire tant d'efforts s'ils ne sont pas remarqués ? La prochaine fois, elle ne se fatiguera pas, entendez qu'elle doublera mère et enfant sans pitié. La Parisienne n'a pas le temps de s'attendrir.

Elle devrait plutôt

La Parisienne a trois grands défauts : l'arrogance, bien sûr – un terme qui semble associé à jamais aux Parisiens de tout sexe –, l'impatience et l'irascibilité. Le commun des mortels pourrait supposer que connaissant ses travers, la Parisienne doit tenter de se corriger. C'est bien mal la connaître. Au fond, la Parisienne ne déteste pas ses marques de fabrique et aurait même tendance à les cultiver. Réaction enfantine qui provoque chez les non-Parisiens de l'agacement ou de l'admiration. Mais la Parisienne oublie qu'un petit cœur bat sous son apparence pas commode. Elle devrait faire des efforts pour rendre service, aider, protéger. Parfois, elle y parvient et se métamorphose. Parce que le soleil brille, que son patron l'a augmentée, que son mari l'a complimentée le matin même, la voici de bonne humeur, prête à soulager son prochain. À secourir cette dame qui peine à monter les escaliers du métro avec sa poussette, à tenir poliment la porte, à parler gentiment au boulanger, à arrêter sa conversation pour indiquer son chemin à un touriste. La Parisienne est plus contrastée qu'elle n'y paraît. Attention quand même, elle pourrait prendre goût à cette bienveillance soudaine et même ressentir un bien-être inédit à aimer son prochain...

Paris, c'est elles

Catherine Deneuve

*Toutes les Parisiennes ont voulu lui ressembler.
Elle a prouvé que la beauté, aussi spectaculaire soit-elle,
ne pèse pas grand-chose sans charme, intelligence
et humour. Son autorité naturelle, décidément
très parisienne, a inspiré les plus grands cinéastes
et les plus grands couturiers.*

Charlotte Gainsbourg

*C'est d'abord son allure qui fait d'elle la Parisienne
d'aujourd'hui. Un jean et un trench-coat suffisent à
la comédienne-chanteuse pour être l'élégance incarnée.
Sa langueur, son rare sourire,
dégagent un je-ne-sais-quoi de très parisien.*

*

SEULE CONTRE TOUS

Il suffit qu'un film, une pièce, un livre ou une expo fassent l'unanimité pour que la Parisienne se rebiffe. Elle trouve horripilant de s'extasier en chœur pour une œuvre artistique. Réminiscence de sa jeunesse où elle n'aimait pas penser comme les autres.

Ce roman, non elle ne l'a pas « adoré », elle l'a trouvé « intéressant », nuance. Excessive sur bien des points, elle garde, en matière de culture, une certaine réserve. Ne la croyez pas si raisonnable, elle aime surtout aller à contre-courant. Ça l'amuse et lui donne l'impression de dominer la situation. La Parisienne adore argumenter et avoir le sentiment d'être une femme à part, originale et au-dessus de la masse, pour dire la vérité. Sa peur de l'instinct grégaire est telle qu'elle s'embourbe parfois dans des discours calamiteux pour dénigrer tel ou tel film que ses amis ont tant aimé. Pire, elle s'autopersuade que ce chef-d'œuvre est un navet et n'en démordra plus malgré les protestations de ses petits camarades. Petite, elle se serait vu reprocher de faire son intéressante. Aujourd'hui, on n'oserait pas. Mais on le pense très fort.

*

AVEC SON PORTABLE

La Parisienne est comme tout le monde : son smart-phone est devenu une extension d'elle-même, son jouet favori. Elle l'utilise à tout-va, même pour téléphoner. Ah, téléphoner ! La grande affaire de sa vie. Impossible de se défaire de cette mauvaise manie. Aurait-elle peur du silence ? De la solitude ? De l'ennui ? Qu'il est rare de la croiser sans un portable vissé à l'oreille. En oublierait-elle les bases mêmes du savoir-vivre ?

Malgré toute l'affection et l'admiration que nous portons à la Parisienne, nous rêvons de la voir le remiser pour écouter le murmure de la ville ou simplement sa boulangère. Car la Parisienne n'interrompt pas sa conversation en achetant son pain. Ne dit pas bonjour, esquisse seulement un vague signe de tête. Ne demande pas précisément ce qu'elle est venue acheter mais indique d'un geste la baguette tradition dont elle est friande. Un peu juste tout de même. On voudrait l'entendre saluer et remercier… Tout comme on aimerait retenir toute son attention lorsqu'on lui parle et ne pas la voir discrètement jeter un œil sur le maudit appareil pour vérifier ses messages sur Facebook. Pense-t-elle vraiment qu'on ne l'a pas remarqué, qu'on la croit sincère lorsque son téléphone sonne en pleine discussion et qu'elle décroche, l'air navré et nous montrant deux doigts. « Deux minutes » semble-t-elle promettre. Deux minutes de trop, assurément.

Elle devrait plutôt

Elle se demande souvent comment était sa vie d'avant. Comprenez sans portable. Quand elle restait des heures sans parler, des heures sans savoir ce qu'il se passait chez les autres. La Parisienne oublie trop vite qu'il faut parfois lâcher ce smartphone pour se sentir libre. Elle doit comprendre qu'une conversation autour d'une bonne table est irremplaçable. Un moment précieux qu'il ne faut pas gâcher en pensant à autre chose. Que rire avec sa meilleure amie au café du coin lui laissera un bien meilleur souvenir qu'une communication téléphonique. Que ce téléphone qu'elle croit magique peut blesser son interlocuteur quand elle ne cesse de le consulter. Elle qui est la première à pester contre ceux qui téléphonent là où c'est interdit oublie que cela ne lui donne pas le droit d'importuner les autres là où c'est autorisé. Dans le train, dans le métro, elle doit le remiser. Marre d'entendre sa conversation sur Nicole et Michel, marre de l'entendre pester contre ses enfants. Tous ces gens-là, on ne les connaît pas et, franchement, on aimerait pouvoir se concentrer sur nos propres problèmes.

✳

Ce qui énerve la Parisienne

– Paris Plages
– La piétonisation des quais rive droite
– Aller dîner en banlieue
– Les touristes qui parlent trop fort
– Qu'on la prenne pour une touriste
– L'augmentation du tarif stationnement résident
– Les PV
– Les manifs
– Les grèves
– Les embouteillages
– Attendre au restaurant quand elle a réservé
– Les pigeons qui n'ont même plus peur d'elle
– Ses voisins du dessus
– Les mollassons
– Le pop-corn au cinéma
– Les librairies qui ferment
– Donner ses bonnes adresses
– Les touristes japonais qui vont au restaurant de sushi
– Les touristes italiens qui vont manger une pizza
– Chercher un taxi libre
– Payer en liquide les taxis
– La Fashion Week (parce qu'elle n'y est pas invitée)

Ce qu'adore la Parisienne

– *Paris au mois d'août (c'est ce qu'elle dit mais elle n'y est pas)*
– *Lire* Le Monde *à la terrasse d'un café (sans lunettes de soleil, la typographie du* Monde, *au secours)*
– *Qu'on lui demande si elle n'a pas maigri*
– *Qu'on lui demande si elle rentre de vacances (quand non, du tout)*
– *Qu'on lui envoie des fleurs*
– *Fumer dans le salon de ses amis*
– *Proclamer à l'étranger qu'elle habite Paris*
– *Dire des gros mots*
– *Livrer bataille*
– *Qu'on lui demande son avis*
– *Rester chez elle le samedi soir*
– *Chanter à tue-tête en voiture*
– *Faire du vélo cheveux au vent*
– *Tweeter, instagramer, facebooker*
– *La solitude (quand elle sait que ça ne va pas durer)*
– *Ne pas être d'accord*
– *Dire à Paris du mal de Paris*

Rêvons un peu

Elle est née à Paris, n'a jamais vécu ailleurs. Année après année, elle s'est réveillée dans cette ville dont elle ne se lasse pas. Pas vraiment en tout cas. Pourtant, Paris est, paraît-il, la ville la plus tarte du monde. C'est à Londres, à Berlin et à New York qu'il faut être. Elle, elle aime Paris, serait-elle donc démodée ? Pour une Parisienne, c'est un problème, pour ne pas dire une tragédie.

Quand elle parle de sa naissance à Paris, elle frise le mensonge. Elle est née à Neuilly-sur-Seine. La ville qui fit connaître un président, la ville où vivent les riches. La ville qui a vu pousser une multitude de cliniques proprettes où, chaque jour, accouchent des Parisiennes. C'est chic Neuilly, ça l'était en tout cas hier, le jour de sa venue au monde, mais être née là-bas n'arrange pas ses affaires. Sur sa carte d'identité, qu'elle montre peu puisque la photo qui l'illustre ne met pas ses atouts en valeur et surtout parce qu'elle indique sa date de naissance, il est écrit « Née à Neuilly-sur-Seine ». Elle ne veut pas être née à Neuilly-sur-Seine, elle veut être née à Paris. Entre nous, qui connaît Neuilly à… San Francisco ou à Rio de Janeiro, à Bali ou à Séoul ? Quand elle passe la douane et qu'on la découvre parisienne, on ne la regarde plus comme n'importe quelle touriste. Jamais on ne lui dit qu'elle habite la ville la plus *tarte du monde, non, on la regarde avec des grands yeux admiratifs et envieux. C'est pourquoi elle aurait tellement voulu que, sur ses papiers, il y ait une preuve irréfutable de sa « parisienneté », une petite indication telle que « Née à Neuilly-sur-Seine, une petite ville de riches à deux mètres de Paris, tellement près de Paris qu'en fait, c'est Paris ».*

10. Passe Navigo

Le métro est pour moi un lieu de charme, à la fois anonyme
et familier. Je prends souvent les lignes 13 et 8
et il m'arrive de faire des rencontres incroyables.
Je ne suis pas en train d'idéaliser le métro, c'est parfois
pénible, mais il y a des moments de grâce.

Nathalie Koscuisko-Morizet

Vous ne ferez pas prendre le métro à toutes les Parisiennes. Certaines sont allergiques à ce mode de transport. Pour les autres, c'est le meilleur moyen d'être à l'heure. On y passe de très mauvais moments et puis, parfois, on s'y sentirait presque bien. Il suffit seulement d'être accompagnée d'un bon livre ou d'une bonne copine.

UNE PLACE À PRENDRE

Épuisée, donc, la Parisienne a trouvé une place assise. Elle a dû jouer des coudes dans cet autobus bondé. Même si elle n'a pas précisément son siège préféré (dans le sens de la marche, côté fenêtre), elle ne bougera plus. Du moins, elle en est persuadée. Car la Parisienne ne peut se concentrer sur son magazine si elle sait qu'une vieille dame est debout, qu'une femme enceinte rêve de s'asseoir. Elle tient quoi : deux minutes ? Puis se lève pour leur céder sa place, espérant secrètement qu'elles la lui refuseront. Au passage, elle foudroie du regard ce grossier personnage qui n'a pas daigné bouger en la voyant faire. Elle n'ose rien lui dire, mais se vengera sur cet ado qui fait mine de ne rien comprendre tant la musique qui lui bousille les oreilles le transporte ailleurs. « Eh oui, toi mon grand, ce serait gentil de te lever » l'invective-t-elle. Le gamin se résigne non sans peine. Elle sait qu'il la hait mais n'en a que faire. La voilà qui prie de toutes ses forces pour que son fils de quinze ans ait, lui, un comportement exemplaire. Dans le doute, elle pensera à lui en parler en rentrant chez elle.

✳

Vu par des écrivains

« Pour l'instant, il s'agit de rester du bon côté du quai.
Ne pas se laisser entraîner vers le fond, maintenir
ses positions. Quand le métro arrivera, bondé, irascible,
il faudra lutter. Selon une loi tacite, une forme
de jurisprudence souterraine appliquée depuis
des décennies, les premiers resteront les premiers.
Quiconque tente de s'y soustraire se voit conspué. »

Delphine de Vigan,
Les Heures souterraines

« Si je perdais ma bibliothèque, j'aurais toujours
le métro et l'autobus. Un billet le matin, un billet
le soir et je lirais les visages. »

Marcel Jouhandeau,
Nouvelles Images de Paris

Ô RAGE, Ô DÉSESPOIR

Ce jour-là la Parisienne se sent bien. En se regardant dans le miroir elle est contente du résultat. La taille fine, le visage lisse, un entrain juvénile. Pas mal pour son âge. C'est donc toute fringante qu'elle attend son bus. Le voici, bondé, comme chaque jour à cette heure matinale. Accrochée à la barre centrale, elle se sent soudain scrutée. Oui, c'est par ce jeune homme assis à quelques mètres d'elle. Il faudrait être insensible pour ne pas être flattée. Mais voici qu'il se lève et, tout sourire, lui propose de s'asseoir. Interloquée, elle ne comprend pas immédiatement de quoi il s'agit. Mais les faits sont là : un homme jeune propose une place à une dame debout qui pourrait être sa mère. Elle est donc devenue cette dame sans même s'en rendre compte. Pire, une ancêtre qui n'a pas l'air de tenir sur ses jambes.

Ce moment restera gravé à jamais : la première fois qu'elle s'est sentie vieille. Ce ne sera pas la dernière, elle le pressent. En fait, cela ne devrait pas s'arranger. Mais la Parisienne ne montrera pas son humiliation. Brisée à l'intérieur, mais souriante comme jamais, elle remercie ce blanc-bec maladroit et ravale ses larmes.

Recommandations de la Parisienne dans le métro

- *Ne jamais avoir l'air d'avoir peur même quand on crève de trouille.*
- *Ne jamais faire mine d'avoir remarqué ce monsieur qui parle tout seul (d'autant que parfois il parle à quelqu'un mais qu'on n'a pas vu l'écouteur greffé à son oreille).*
- *Toujours retourner sa bague. La pierre précieuse (ou pas) doit se trouver côté paume.*
- *Repérer dans quelle rame va jaillir l'accordéoniste et ne surtout pas entrer dans la même.*
- *Éviter la jupe ou le pantalon blanc. On ne sait jamais sur quoi on s'assoie.*
- *Identifier les adolescents qui ont des écouteurs et ne pas s'asseoir à côté d'eux.*
- *Mettre une goutte de parfum sur son écharpe. Si l'odeur est insoutenable, la humer.*
- *Se révolter contre ceux qui critiquent le métro parisien, le meilleur du monde.*
- *Ne pas dire par exemple : « la ligne 3 » mais la 3.*
- *Demander gentiment à son voisin si la valise posée par terre est bien la sienne.*

*

TICKET POUR L'INCONNU

Deux heures à perdre ? Et si on en profitait pour visiter Paris. Eh oui, même si on croit connaître notre ville sur le bout des doigts, elle est plus grande et plus mystérieuse qu'on ne l'imagine. Profitons d'être dans le métro pour nous arrêter à une station dont le nom ne nous dit rien ou pas grand-chose. Sortons et baladons-nous dans ces rues inédites qui auront peut-être du charme, peut-être pas, qu'importe, puisque à tout moment nous pouvons aller voir ailleurs. On repère les bistrots qui ont l'air sympathiques, les boutiques originales, on y retournera plus tard avec des amis. Quoi qu'il en soit, il faut savoir changer de paysages plus souvent, ne plus arpenter seulement les lieux qui ne nous sont pas étrangers. Paris est pleine de surprises et c'est pour ça qu'on l'aime.

Rêvons
un peu

Elle est tellement épuisée qu'elle se vautrerait bien. Il suffirait de pas grand-chose pour qu'elle s'étale, là, sur la banquette du métro. Elle n'en fera rien. Passé l'âge de quinze ans et demi, la Parisienne sait se tenir. Elle tente parfois de lire mais ce roman a beaucoup moins de qualités quand ses voisins jacassent. Perturbée, elle feint de se concentrer mais écoute, sans en avoir l'air, leur conversation. La Parisienne ayant une imagination débordante, elle écrit tout bas un roman en observant les passagers qui l'entourent. Ces deux ados qui refont tout haut leur devoir de maths, gesticulant et rugissant, elle sait déjà qu'ils sont détestés par leur classe et qu'avec le sexe faible, ils doivent ramer. En face, la dame et sa fille se font la gueule. Elle croit comprendre que la première a refusé à la seconde une sortie nocturne. Si elle veut son avis, la mère n'est pas au bout de ses surprises avec sa progéniture : la petite a une tête d'emmerdeuse. Ce monsieur âgé est propre comme un sou neuf : souliers cirés et chemise immaculée, elle l'imagine en route pour retrouver un amour de jeunesse. Allez savoir pourquoi. Peut-être parce que la Parisienne, sous ses airs pas commodes, est une incorrigible romantique. La voici arrivée, elle jette un dernier coup d'œil à ses personnages, persuadée qu'elle s'en souviendra longtemps alors qu'elle les aura oubliés à peine sortie de terre.

11. Les caprices de la météo

Hou ! Viens faire un tour sous la pluie, oui
Les oiseaux vont venir aussi, oui
On fera le tour de Paris
Sous la pluie, Hou !
Viens faire un tour dans ma vie,
oui On marchera jusqu'à midi, oui

Il était une fois,
Viens faire un tour sous la pluie

Il n'y a que dans les films qu'on voit des hommes et des femmes sautiller de plaisir sous la pluie. En réalité, la Parisienne déteste ça. Elle ne rêve que de soleil, un peu pour la chaleur, beaucoup pour ce hâle discret et très étudié qui la rend encore plus charmante.

SOUS LE CIEL DE PARIS

La Parisienne ne manquerait pour rien au monde son rendez-vous avec Évelyne Dhéliat. La présentatrice de la météo est son mentor. Oui, Évelyne connaît tout du futur, en tous les cas du lendemain. Fera-t-il chaud, froid mais surtout, et c'est là la question essentielle, va-t-il pleuvoir ? La pluie est la grande ennemie de la Parisienne : elle provoque des embouteillages, des glissades incontrôlées, des catastrophes capillaires.

Organisée, elle possède une multitude de parapluies. Avant, elle les aimait grands, avec un joli pommeau de bois, aussi élégants que mal pratiques. Elle en a tant perdu qu'elle les a abandonnés pour un tout petit parapluie compact qu'elle glisse dans son sac. Moins chics, moins solides aussi (ils explosent au moindre coup de vent), elle en a toujours un sur elle, comme une arme qu'elle ne prêtera jamais. La pluie n'apporte à la Parisienne qu'une seule consolation : porter ce trench britannique, indémodable et chicissime, qui lui donne un petit air Lauren Bacall et une allure si parisienne.

✳

Vu par des écrivains

« Dans mon souvenir, la pluie y tombe souvent, alors que d'autres quartiers de Paris, je les vois toujours en été quand j'y rêve. Je crois que Montparnasse s'était éteint depuis la guerre. Plus bas, sur le boulevard, La Coupole et Le Select brillaient encore de quelques feux, mais le quartier avait perdu son âme. Le talent et le cœur n'y étaient plus. »

Patrick Modiano,
L'Herbe des nuits

« J'aime bien regarder la pluie qui tombe parce que quelque chose bouge dans le paysage. Cela oblige également les gens à bouger et à râler encore plus. Si vous prenez un taxi et que vous dites : chouette, il pleut !, en général le chauffeur vous regarde avec une haine… comme si vous étiez le responsable de ce temps-là. »

Roland Topor,
Courts termes

« Tant que vous n'avez pas été embrassé par un de ces pluvieux après-midi parisiens, vous n'avez jamais été embrassé. »

Woody Allen,
Maris et femmes

JAMAIS SANS MES LUNETTES

Les lunettes de soleil sont un outil indispensable à la Parisienne. Elle les porte trois cent soixante-cinq jours par an. Non pas que le soleil brille trois cent soixante-cinq jours par an à Paris, ça se saurait, mais parce qu'elles la rendent plus jolie. Alors, il arrive qu'elle n'y voie plus rien mais qu'importe. Comme le disait sa grand-mère : il faut souffrir pour être belle. Elle aime les grandes bésicles, parfois en écailles, parfois en métal – elle en a une multitude dans son tiroir – et suppose qu'elles lui donnent un air terriblement mystérieux.

Elles cachent aussi ce qu'elle ne veut pas montrer : une soirée trop arrosée, une crise de larmes, une allergie au mascara. Mais la plupart du temps, c'est seulement un accessoire de mode qui s'harmonise parfaitement à sa silhouette. Il arrive aussi qu'elle les porte négligemment sur ses cheveux tel un serre-tête. « Négligemment » est un grand mot, elle a quand même étudié l'affaire. Avec la Parisienne, la perfection n'est jamais due au hasard.

✳

DEMI-SAISON

Certains mois de l'année tourmentent la Parisienne. L'entre-deux. La fin du mois de septembre, le début du mois d'avril, le pas tout à fait automne et le pas tout à fait printemps : un casse-tête pour les coquettes. Nostalgiques de l'été, on verra nombre de Parisiennes en sandales, refusant tout net de porter des chaussettes avant les premiers frimas de l'hiver. Soit. Mais lorsqu'elles croisent sur les trottoirs d'autres Parisiennes en doudounes, elles ont tout de même un doute.

Installez-vous à une terrasse de café et contemplez le spectacle qui s'offre à vous : un défilé de mode automne-hiver-printemps-été, sans distinction aucune. Plus d'uniformité dans la rue, ça change. Un grand n'importe quoi plutôt jouissif quand la Parisienne qu'on admire tant grelotte en tee-shirt de coton léger ou étouffe en cachemire douze fils. Eh oui, les certitudes de la Parisienne sont parfois mises à rude épreuve.

*

J'VEUX DU SOLEIL

Comme tout le monde, la Parisienne a grand besoin de Vitamine D. C'est donc au soleil qu'elle comble ses carences. Regardez-la perdre toute retenue lorsqu'elle aperçoit une table libre au soleil à la terrasse d'un café. Elle s'y jette comme la misère sur le pauvre monde, bousculant tout sur son passage, ou déployant des trésors de patience en attendant qu'une place se libère. Quand, enfin, la voici assise, elle n'est pas au bout de ses peines. Car le soleil tourne, lentement mais il tourne. Et cette table inondée de lumière ne le sera bientôt plus. La Parisienne veut profiter de ce petit plaisir jusqu'à la dernière goutte. L'ombre est son ennemie, elle ne se laissera pas faire et se penche centimètre après centimètre pour l'éviter. Bientôt, sa tête se pose sur l'épaule de ce voisin qu'elle n'a jamais vu de sa vie. Il est temps d'y aller. Mais elle a repéré la place et reviendra le lendemain profiter de ce soleil aussi furtif que curatif.

CONCLUSION

Elle avait un peu oublié comme elle aimait Paris. Elle l'avait oublié parce qu'elle n'y prenait plus garde. Et puis un jour, tout a changé. Paris était sa ville, une ville que jamais personne ne pourrait rendre laide.

Elle avait un peu oublié qu'elle pourrait pleurer pour elle.

Mais un soir, elle n'a eu qu'une envie : sortir dans les rues tristes et les rendre joyeuses, l'admirer comme si c'était la première fois, se délecter de cette ville qui est pour elle bien plus que ce qu'on en dit, simplement la sienne. Sécher ses larmes, lever son verre, chanter, rire de n'importe quoi.

Être une Parisienne. Être fière de l'être. Et jurer de ne plus l'oublier.

Paris, printemps 2017

REMERCIEMENTS

Elles m'ont inspirée. Mille mercis aux Parisiennes :

Anne, Anouk, Audrey, Cécilia, Charlotte, Christiane, Christine, Claire, Dany, Diane, Dorothée, Isabel, Janine, Jeanne, Kéthévane, Laure, Marie-Amélie, Marie-Laure, Odile, Pascaline, Pascale, Soline, Sophie L., Sophie V., Virginie.

Elle m'a soutenue. Mille mercis à la Parisienne : Juliette

Table des matières

✳

Cet ouvrage a été imprimé
par Loire Offset Titoulet
pour le compte des Éditions Grasset
en avril 2017.

Mise en pages
Nord Compo à Villeneuve-d'Ascq

N° d'édition : 19889 – N° d'impression : 201703.0769
Dépôt légal : mai 2017
Imprimé en France